용정의 명산과 명인

天佛이 占指한 산 그리고 天佛과 함께하는 사람들

天佛이 占指한 산
그리고
天佛과
함께하는 사람들

기획 오정묵
저자 김호림

역락

사자^{使者}가 되어
천불지산의 메시지를 전하고 싶다

언제인가 나는 이런 시를 쓴 적 있다.

> 나는 고통 속에서 신음하는 영혼을
> 극락세계로 인도하는
> 천불지산 사자이다.
> 차디찬 세계에서
> 떨고 있는 혼백을
> 따스하게 품어주려고
> 땅에 떨어진
> 하늘이 되지 않았던가.
> 남들은 오지 않는 곳을
> 나만은 온다고
> 고혼이라 자칭했노라

시에서 나는 여기 천불지산의 심부름꾼-사자(使者)로 자칭했다. 차갑
게 마비되어 있는 영혼들에게 나의 미약한 깨달음이라도 알리고 그들

을 따뜻하게 품고 싶은 마음을 시로 토로하였다. 나의 몸이 죽어서도 이 세상에 그 무슨 보충, 도움이라도 남길 수 있다면 그것이야말로 인생의 좋은 가치가 되지 않을까 하고 생각한다. 나의 깨달음을 글로 지어 책으로 묶고 나중에 그 책이 사람들에게 조금이라도 읽혔으면 하는 게 둘도 없는 바람이다. 이 인생에서 내가 찾고 만들고 있는 뭔가의 '보물'이 하나 있다면 그것인즉 세상에 올리고자 하는 나의 '선물'이라고 말하고 싶다.

유태인의 묘지에는 책이 놓여있으며 연변 조선족 교육의 선각자인 김약연(金躍淵, 1868~1942)의 기념비(천불지산 기슭의 명동학교 부근에 위치)에도 책이 조각되고 있다. 이는 생명이 다하더라도 인간의 공부는 끝나지 않는다는 것을 의미한다. 영혼이 마비된 곳은 지옥이다. 그곳에는 죽은 송장 심지어는 산 송장까지도 널려 있다. 송장이 널려 있는 것을 정리하여 청정세계로 만드는 곳이 바로 정토세계의 한 부분인 천불지산이다.

"죽음과도 화해하라."

이것은 나의 좌우명이다. 생명은 얻는 것이고, 죽음은 버리는 것이다. 부처님이 가르키고 있는 곳은 마음의 안식처 영혼의 안식처로서 그 이상으로 훌륭한 곳은 없다. 육체는 천불지산 기슭에서 살다가 령혼은 천불지산 품에 안긴다면 그 이상 무엇을 바라겠는가.

천불지산은 부처님 가르침을 표현한 하나의 웅장한 모습의 책 그 자체이다. 이 책을 읽는 과정은 살아서도 읽고 깨달으며 죽어서도 읽으면서 깨닫는 과정이다. 이 훌륭한 책, 깨달음을 주는 책 천불지산을 세상의 모든 사람들과 골고루 나누고 싶다.

죽음은 오만한 영혼에는 형벌이 되고, 훌륭한 영혼에는 안식처가 된다. 육체 생명의 결속을 앞두고, 정신 생명이 태어난다면 그것은 영생불멸을 뜻한다. 그래서 정토세계로서의 천불지산을 선택하였다. 사람마다 몸이 건강하고, 마음이 건강하다면 그 세계는 분명 천국일 것이다.

천불지산 자체가 병원이요, 의사요, 약재이다. 그래서 나는 『용정의 명산 천불지산』에서 "천불지산은 오염된 세상에서 병든 우리의 마음과 몸을 치유해 주고 있다."라고 썼다. 이번에 엮고자 하는 책에서 천불지산과 천불지산의 사람을 선정한 목적이기도 하다.

2008년 책 『용정의 명산 천불지산』의 출판을 끝낸 후 뒤이어 『용정의 명산 천불지산의 약재 전설』을 기획했으나 이런저런 원인으로 성공하지 못했다. 그래서 다시 『용정의 명산 천불지산의 살아 숨 쉬는 전설』을 기획하고 천불지산에서 태어나 성공, 세간의 명인이 된 사람 여덟을 선택하여 천불지산의 실재 인물, 실재한 이야기를 책으로 묶어 세상에 알리고자 했다. 이 기획과 심정을 지난해 봄 북경의 언론인이자 작가인 김호림 씨를 만나 토로하여 열렬한 호응을 받았다.

그때부터 김호림 씨는 불원천리하고 북경과 용정 사이를 오가면서 현지 방문을 했으며 인물들을 인터뷰하고 주변의 지인들을 만나 자료 수집과 확인을 거듭했다. 이렇게 약 1년의 산고(産苦) 끝에 이 책이 세상에 나오게 된 것이다. 이 기회를 빌어서 김호림 씨의 신고(辛苦)에 거듭 감사를 드린다.

　　이 세상에서 답을 찾으며 사는 것이 인생이다. 얼마나 많은 답을 찾았는가 하는데 우리의 인생에 무게가 실리지 않을까. 내가 보건대 독서하는 사람은 천 가지 방법으로 살지만 독서를 하지 않는 사람은 한 가지 방법도 없이 산다.

　　이 책에도 인생의 가치를 찾고자 하는 나의 마음을 실으려고 했다. 우리는 인생에서 피하려고 해도 종국적으로 피할 수 없는 것을 만나게 된다. 그렇더라도 답을 찾기 위한 작업은 거기서 종지부를 찍는 게 아니다. 또 다른 시작이다.

오정묵
용정 해란강 기슭에서
2019년 겨울

산은 높아서가 아니라
신선이 있으면 이름이 난다

하늘의 부처라는 이름을 가진 산이 있다. 동서 1만 리의 중국 대륙에 단 하나뿐이라고 한다. 그러나 천불지산(天佛指山)이라는 우레 같은 이름과는 달리 세간에는 잘 알려지지 않고 있다. 누군가의 말처럼 이 산이 그리 높지 않은 탓일지 모른다. 주봉의 해발고는 1226m로 대륙의 한쪽 귀퉁이에 있는 연변에서도 아주 흔한 산이라고 한다.

산은 높아서가 아니라 신선이 있으면 이름이 난다. 그렇다면 천불지산은 아직 신선이 없어서 이름을 떨치지 못했을까. 아니, 아직 신선이 알려지고 있지 않으니 산의 이름을 떨치지 못했을까.

천불지산은 백두대간의 한 자락이다. 두만강을 따라 연연히 이어지며 그 폭이 동서남북으로 각기 백 여리나 된다. 연변조선족자치주 용정시(龍井市)의 백금향(白金鄉), 삼합진(三合鎮), 지신진(智新鎮) 그리고 개산툰진(開山屯鎮)의 일부와 덕신진(德新鎮)의 일부를 망라한다.

천불지산은 예로부터 서기(瑞氣)를 잉태한 영험한 고장으로 전한다. 신령스러운 이런 산은 선인(仙人)들의 도장(道場)이자 영산(靈山)이 되기 마련이다. 명인은 천불지산이 명소이며 용정, 나아가 연변의 명소라는 것을 알리는 증표이다. 그러나 천불지산의 많은 인물은 천불지산의 이름처럼 세상에 잘 알려질 수 없었다. 여러 가지 이유로 그들의 기이한 행적과 이야기에 대한 많은 부분을 지금까지 글로 적지 못했기 때문이다. 하긴 천불지산의 해발고가 공교롭게 중국인들이 신주(神主)처럼 모시는 전 국가주석 모택동(毛澤東)의 생일과 합치한다고 하면 누군들 쉽사리 믿겠는가.

천불지산은 부처가 하늘의 성지(聖旨)를 받들어 내린 곳이라고 해서 지은 이름이라고 《용정현지명지(龍井縣地名志)》(1985)가 구전되는 현지의 옛 전설을 기록한다. 이 전설처럼 천불지산은 정말로 부처가 성지(聖旨)를 받들어 내리고 부처가 점지(占指)를 한 곳이던가. 실제로 천불지산을 남북으로 옹위하고 있는 두 오봉산(五峯山)은 각기 신선이 타고 다니던 다섯 봉황이라고 하며, 용정의 북쪽을 병풍처럼 막고 있는 용산(龍山)은 땅에 내려 하나로 굳어진 하늘의 용이라고 한다. 이처럼 영물(靈物)의 봉황과 용이 함께 천불지산을 왕궁처럼 둘러싸고 있는 게 단지 하늘이 내린 우연이라고 해야 할까.

명산에 명인이 나타나고 명산은 또 명인으로 이름이 난다. 중국의 성구에 "팔선과해(八仙過海), 각현신통(各顯神通)"이라는 말이 있다. 그것인즉 "여덟 신선이 산에서 내려 각자 재주를 부린다"는 뜻이다. 전설에 따르면 도교(道教)의 여덟 신선이 배를 타지 않고 각자 법술을 부려 바다를 건넜다고 한다. 여덟 신선이 한데 모였던 봉래(蓬萊)는 이로 하여 세상에 이름이 났던 것이다.

부처와 함께 하고 있는 '신선'은 천불지산에 실은 오래전부터 나타났다. 대각사(大覺寺, 근대 한국불교의 요람)를 창건했던 용성(龍城)선사가 천불지산에 올라 부처를 친견한 기록이 있으며 조선시대의 최고의 풍수대사 무학(無學)대사가 천불지산을 다녀간 옛 샘터가 있다. 용성선사와 무학대사는 모두 소설로 가공(加工)한 인물이 아니라 역사에 실존한 인물이다.

뭐니 뭐니 해도 천불지산을 품에 안은 용정 자체가 바로 이름난 고장이다. 용정은 옛날에 용이 우물에서 날아오른 고장이라고 해서 생긴 이름이다. 이주, 개척 시기에 용정은 연변뿐만 아니라 만주에 살고 있는 조선인들의 문화와 교류의 중심지였다. 겨레의 숨결이 묻어있는 이 땅에서 많은 걸출한 인물이 마치 용과 봉황의 무리처럼 줄레줄레 날아올랐다. 천불지산의 기슭에는 이름난 교육자가 있었고 문학가가 있었으며 학자가 있었다. 또 신선 같은 명의나 신들린 예술인, 나아가 아예 신령과 교감을 나누는 기인(奇人)도 나타났다. 산 위에는 산삼과 개불알꽃 등 희귀한 품종의 식물이 있으며 검은담비를 비롯한 멸종위기의 동물이 있다. 또 얼마 전에는 백두호랑이가 오랜만에 다시 천불지산에 나타났다고 하는 경이한 소문이 들린다.

잠깐, 천불지산을 기어이 하늘의 불이 내린 산의 지명이라고 주장하는 사람도 있다. 원래 천불붙이라고 불렸으며 벼락 등으로 인한 천불(天火)로 인해 풀과 나무가 불살라진 자리에 일군 땅을 뜻한다는 것이다. 하늘 부처의 천불(天佛)이 아닌 하늘 벼락의 천불(天火)로 해석하고 있다. 와중에 천불붙이가 순우리말이라는 것을 강조하면서 일부의 공감을 불러낸다. 이 속설은 지방문헌인 지명지의 기록 자체를 의도적으로 소설로 희화(戲畵)하고 있는 것이다.

천불지산에 내린 불의 벼락은 불길한 징조만이 아니었다. 불로 일군 산의 화전(火田)은 개척민들의 희망이었고 즐거움이었다. 불의 벼락은 하늘이 내린 남다른 사랑이 되어 가고 있었다. 화전의 시초는 옛날 산 골짜기에 은거하던 재가승(在家僧)에 의해 열렸다고 한다. 이에 따르면 천불지산의 지명은 더구나 하늘의 부처와 진실로 이어질 수 있다는 얘기가 된다.

천불이 점지한 그 산은 오늘도 용과 봉황이 함께 어우러지고 있다. 중생과 함께 사랑을 나누며 자비를 베푸는 사람들이 천불지산에 연이어 나타나고 있다. 그들은 바닷가의 봉래에 모인 '여덟 신선'처럼 저마다 기이하고 재미있는 이야기를 엮고 있다. 하나같이 천불지산에서 태어나고 천불지산에서 자랐으며 천불지산에 소문을 놓았다. 그들이야말로 진정 천불지산에서 하늘의 '성지'를 받고 부처의 '점지'를 받은 신 같은 그런 인간이 아니던가.

천불지산은 산의 봉우리가 많듯 산에 사는 명인이 허다하다. 천불지산은 결코 여덟의 산만 있는 게 아니며 결코 여덟의 신선만 살고 있는 게 아니다. 따라서 천불지산과 그 산에서 산 사람의 이야기는 결코 끝나지 않았다.

차 례

천불지산의 첫 번째 이야기

신화의 산에서
천불을 찾는 사람

❖

여인의 슬리퍼는 왜 그곳에 떨어졌을까

꽃이라고 하지만 차마 입에 올리기 민망하다. 하도 거북한 이름이라고 해서 한국은 『국가표준식물목록』을 작성할 때 '복주머니'라고 새롭게 명명했다고 한다. 기실 속명으로는 '개불알꽃'이다. 입술의 꽃잎에 핏줄 같은 맥을 이루고 있는 그물 형태가 마치 개의 불알 같다고 해서 생긴 이름이다. 언제인가 박영진(朴永振)이 백두산 기슭의 화룡(和龍)에 식물을 고찰하러 갔을 때 그곳 임장(林場)의 사람들은 또 '쇠불알꽃'이라고 부르더라고 한다.

나중에 누군가 덧붙이는 이야기도 역시 오줌으로 꽃의 주머니를 채우고 있었다.

"이건 둥글고 가운데 구멍이 뚫린 꽃인데요, 지린내가 난다고 해서 또 까치오줌통이나 요강꽃이라고도 불러요. 개불란이고 하는 이칭(異

‖ 천불지산의 수림에 군락을 이루고 있는 붉은 복주머니 꽃

稱)도 있다고 해요."

정말로 꽃의 오줌통은 복을 불러 모은다는 복주머니일까. 그 복주머니가 자생하고 있는 천불지산의 확실한 장소를 박영진은 오랫동안 공개하지 않았다. '복주머니'는 고산지대에 자생하면서 생육조건이 까다로워 개체수가 아주 적다. 게다가 약용만 아니라 관상용에도 쓰일 수 있어 누군가 알면 단통에 거덜이 날까 우려되었던 것이다. 북유럽의 어느 나라에서는 이 꽃을 발견한 후 부근에 보초까지 세워놓았다고 한다.

그렇다고 해서 복주머니를 곧바로 다른 곳으로 옮길 수는 없었다. 복주머니는 생리 특성상 토양균과 공존하며 환경을 옮겨 심으면 쉽게 죽어버리기 때문이다. 서식지의 이동은 거개 복주머니의 죽음을 의미한다.

천불지산에는 복주머니가 개체가 아닌 군락으로 무리를 지어 출현하고 있다. 복주머니를 멸종위기의 희귀종이라고 하던 박영진의 말은 주변의 관심을 끌기 위해 일부러 부풀린 것이었던가.

"아뇨, 여기 천불지산에서만 발견된 특이한 현상인데요, 백두산에 자주 다녀오지만 이처럼 많은 꽃을 한꺼번에 만난 적은 없습니다."

신화 같은 이야기가 천불지산에서 벌어지고 있다. 박영진의 말에 따른다면 신화의 주인공 비너스가 작심하고 이곳에 그녀의 신발장을 갖춘 듯하다. 비너스는 로마 신화에서 나오는 인물로 영원한 아름다움의 상징이다. 어느 날 비너스는 지상에 내려갔다가 산언덕에서 양치기 소년과 만나 사랑을 나눈다. 그러다가 어디선가 인기척이 들리자 한쪽 구두가 벗겨진 줄도 모르고 부랴부랴 숲 속으로 달아나는데, 이 예쁜 구두는 그대로 한 송이의 예쁜 꽃으로 변했다고 한다. 전설의 이 꽃은 정말로 침실에서 신는 여인의 예쁜 슬리퍼와 같은 모양새를 하고 있었다. 그래서 유럽에서는 이 꽃의 학명을 '비너스의 슬리퍼'(Venus's sleeper)라고 지었다. 미국은 '여인의 슬리퍼'라고 부르는데 '비너스의 잃어버린 슬리퍼'에서 연유한 이름이다.

'슬리퍼'가 하필이면 신발장처럼 천불지산의 산정에 가득 쌓여 있을까…. 아무튼 비너스가 천불지산을 선정한 이유가 있는 듯하다. '물에 빠져 죽을지언정 강가에 내려온다'고 하는 버들도 한사코 천불지산의 산정에 올라가서 숲을 이룬다. 이 때문일까, '비너스의 슬리퍼'처럼 희귀한 식물은 천불지산에 또 하나 있다. 옛날 임금님의 수라상에 올랐다고 하는 송이버섯이다. 송이버섯은 희귀수목인 적송(赤松)의 잔뿌리에 균근(菌根)을 형성하여 공생한다. 참나무와 박달나무, 진달래 등 여

‖ 백두산에 올라 식물고찰을 하던 도중 폭포수를 뒤에 두고 기념사진을 남겼다.

러 종의 식물과 한데 어울린다. 또 온도와 습도에 매우 민감하여 아직
도 인공재배가 힘들다. 참고로 송이버섯의 군락지인 천불지산은 국가
임업부와 환경보호부가 유일하게 비준하여 설립한 자연보호구로 되
어 있다.

신령스러운 산에는 신령스러운 기운이 흐른다. 대륙 저쪽의 비너스
가 천불지산에 나타났다고 한들 더는 놀랍지 않다. 천불(天佛)이 점지
(占指)를 했다고 하는 이 명산에는 강과 골짜기마다 신령의 피가 흐르
고 맥박이 뛰는 듯하다.

산에서 살아 숨을 쉬는 영물(靈物)은 자주 사람들의 시야에 날아들고

있다. 산의 여기저기에 명물바위가 생기고 소나무가 어깨를 걸고 가지런히 자란다. 꿩이 웬 농가의 마당에 뛰어들어 닭과 먹이를 다투는 진풍경은 산기슭의 마을에 심심찮게 등장한다.

어느 날 박영진은 밤길을 걷다가 어마지두 기겁을 했다고 한다. "바람이 불지 않는데도 모자가 휙 날아가는 것 같았어요. 얼결에 만져보니 머리칼이 쫙 곤두선 겁니다."

인간의 동물적인 반응이었다. 분명 호랑이가 지척에 있었던 것이라고 마을의 노인이 훗날 박영진에게 귀띔을 했다. 호랑이는 지난 1970년대까지만 해도 천불지산에 둥지를 틀고 있었다. 두만강을 넘나들면서 늘 강기슭의 한왕산(汗王山)을 앞뒤로 가로타고 있었다. 한왕은 읍락의 수장이나 군왕을 이르던 북방 민족의 말이다. 한왕산에 호랑이가 산의 왕으로 군림했던가.

한왕산은 호랑이보다 구렁이로 소문난 늪의 산이기도 하다. 이 구렁이는 야래자(夜來者) 설화와 일맥으로 상통한다.

> "마을에 한 처녀가 살았는데, 밤마다 웬 남자가 와서 그녀와 동침했다. 그러나 이 남자가 어디서 온 사람인지는 몰랐다. 어느 날, 처녀가 남자의 옷자락에 바늘을 꽂아서 실을 따라가 보았더니 깊은 늪에 살고 있는 구렁이었다…."

그 후 처녀는 옥동자를 순산했는데 이 옥동자가 바로 한왕이었다는 것이다. 실제로 한왕산은 건주여진(建州女眞)의 수장 멍거테물(猛歌帖木爾)이 터를 잡은 곳이다. 멍거테물은 수하 부족을 거느리고 한때 한왕산 일대 지역을 점거하고 있었다. 한왕산에는 아직도 병사들이 수비하던 옛 석성과 전설의 늪이 남아있다. 이윽고 요동으로 이주한 후 그들은 만족의 핵심 역량으로 대두하며 나중에 멍거테물의 6대손 누르하치의 인솔 하에 후금(後金) 정권을 세운다.

어느덧 한왕은 구렁이처럼 세월의 숲 속으로 사라졌지만, 산왕(山王) 호랑이는 홀로 옛 석성을 지키고 있는 듯했다.

"한왕산에는 호랑이가 다니던 길이 있었다고 하는데요, 병사처럼 행진 노선이 따로 있는 거지요."라고 하면서 박영진은 노인들에게 들은 이야기를 전한다.

한왕의 일행이 떠난 한왕산에 인가가 다시 생긴 것은 1940년대였다. 산의 양지바른 곳에 자리한 마을은 방위를 밝혀서 조동촌(朝東村)이라고 작명했다. 마을의 이름을 따서 한왕산성이 조동산성이라고 불리기도 했다.

밤중에 호랑이를 만나던 그날 박영진은 조동촌을 지나고 있었다. 그는 한왕산 서쪽의 대동골(大洞溝)에서 살고 있었다. 이 대동골은 현재로서는 골짜기의 이름으로만 집단 기억에 잔존한다.

박씨 가족은 1960년대 중반 대동골에 이주했다. 이 무렵 중국에서는 극좌 운동인 '문화대혁명(1966~1976)'이 시작되고 있었다. 박영진은 세상에 태어난 그때 벌써 정치세례를 받았다. 출생한 그해인 1958년 대약진 운동이 일어났다. 온 대륙이 제강·제철 운동으로 떠들썩했다. 1959년부터 1961년까지 국민경제는 잇따라 큰 어려움에 봉착한다. 제일 큰 문제는 심각한 곡물 부족이었다. 이때 농촌 식당에서는 보편적으로 배를 채울 수 있는 모든 대용식품[代食品]을 사용했다. 비정상적

인구의 사망이 대량 출현했다. 1960년 중국의 인구가 1959년에 비해 1천만 명 줄어들었다는 통계가 있다.

박씨 가족의 이주가 이 수난사와 무슨 연관이 있는지는 잘 모른다. 그들이 살던 대동골은 재물이 넉넉하다는 의미의 마을 '부유촌(富裕村)'과 한데 잇닿는다. 부유촌은 공사(公社, 향) 소재지로 본래 '소보치'라고 불리던 고장이다. '소보치'는 재나 두엄을 담는 삼태기를 이르는 함경도 방언이다. 시초부터 사람들은 '소보치'에 재물을 가득 담고 '부유'하길 빌고 있었을까.

나중에 박영진의 '소보치'에 담긴 것은 논과 밭의 벼나 조가 아니었다. 콘쓰레(崑石列)의 산에 있던 나무와 풀은 그에게 지울 수 없는 기억을 담고 있었다.

"식물의 이름은 마을을 떠나던 그때 5백여 개를 알게 되었는데요, 거의 다 야생 약용 식물이었습니다."

콘쓰레는 대동골의 막바지에 있는데, 쓰러질 듯 기운 모양을 뜻하는 '쓰레하다'라는 우리말에서 유래된 이름이라고 한다. 큰 쓰레의 산이라는 것. 또 경상도 방언인 '쓰레(써레)'에서 생성된 지명이라고 하는 설도 있다. 화제의 '개불알꽃'은 바로 이 콘쓰레의 산등성이에 군락으로 자라고 있다.

천불지산에 있는 콘쓰레의 산

그때 그 시절 집집마다 신주(神主)처럼 애지중지 모시던 책이 있었다. 보서(寶書) 『모택동선집』이다. 의약서적인 『연변중초약』의 첫 페이지도 위인의 어록(語錄)으로 도배되어 있었다.

> "우리의 사업을 영도하는 핵심적 역량은 중국공산당이다. 우리의 사상을 지도하는 이론적 기초는 맑스(마르크스)-레닌주의이다.
>
> 혁명적 인도주의를 실시하여 죽는 사람을 살리고 상한 사람을 치료해 주어야 한다.
>
> 중의와 서의 각 부분의 신로 의약위생(보건)일군들을 단결하고 공고한(돈독한) 통일전선을 세워야 한다…."

어록 뒤에는 약용 식물의 사진과 설명이 책을 꽉 채우고 있었다. 그때는 실용적인 전문서적이나 문학서적은 천불지산의 산삼처럼 좀처럼 만나기 힘들었다. 더구나 대동골은 용정 시내와 150리나 떨어진 벽촌이라서 이 『연변중초약』은 정말이지 하늘에서 내린 은혜로운 보물을 방불케 했다.

약재에 남다른 취미를 갖고 있던 부친이 어디선가 『연변중초약』을 얻어왔다. 책은 책꽂이를 채운 붉은색의 보서 가운데서 눈에 띄었다. 유달리 푸른 표지였고 내용도 따분한 정치 이론이 아닌 실용적인 약물 지식이었다. 천불지산의 나무와 풀은 이 책에서 글과 사진으로 거듭 떠오르고 있었다. '이게 뭐지, 산과 길가에 흔한 엉겅퀴가 간질환을 치료할 때 쓰는 좋은 약이라니….' 박영진은 틈만 나면 『연변중초약』을 뒤적거렸다. 1000여 면의 책은 금세 박영진의 손때가 묻어 보풀이 일

‖ 천불지산은 땅위의 연연한 구름덩이를 방불케 한다.

어나고 있었다.

천불지산은 수림의 세계였고 책의 세계였다. 아니, 천불지산 자체가 하늘 아래의 온 세계였다.

마가목(馬加木)은 낙엽 교목으로서 보통 계곡의 음달에서 자란다. 마가목은 동북 지역의 항간에서 부르는 속칭이며 우리말로는 팥배나무라고 한다. 대다수의 사람들은 중국말 그대로 화추(花楸)라고 부른다.

"열매가 시금털털한데요, 쓰고 매워요. 노인들은 이 열매를 술에 담그기도 합니다."

박영진의 말이다. 미가목의 열매를 먹으면 기침과 가래를 없앨 수 있다고 한다. 열매는 또 위염 치료에도 쓰며 나무껍질과 줄기는 폐결핵을 치료하는데 쓸 수 있다고 책에 낱낱이 밝히고 있었다.

책에서 읽은 식물은 더는 부질없이 아궁이에 태워버리던 이름 없는 나무가 아니었으며 돌덩이처럼 발치에 차이던 이름 없는 풀이 아니었다. 인간의 먹고사는 생존과 연결되어 있었고 또 인간의 건강과 보건에 직결되어 있었다. 천불지산의 풀과 나무는 천불처럼 하늘의 기운을 담고 있었고 천불이 땅에 선사한 영물로 다가오고 있었다.

몇 년 후 박영진은 대학 입학원서에 농업대학 이름을 기입했다. 그는 길림농업대학 농학학부를 다니면서 작물의 생산과 유전, 육종, 관리의 기본 이론과 지식, 기능을 배웠다. 작물은 곡식이나 채소 등의 재배 식물을 말한다. 연변농업과학원에 배치된 후 박영진은 장장 10년 동안 벼와 씨름을 했다.

천불지산은 고향의 사랑을 심어주었고 생명의 싹을 내리게 했다. 『연변중초약』은 늘 그의 머리에 떠올라 볍씨처럼 씨앗을 내리고 열매를 맺고 있었다.

훗날 박영진은 현지의 한의사 오씨(吳氏)를 만나 자주 대화를 했다. 그들의 대화는 늘 식물에서 약초로 다시 약초에서 식물로 이어졌다. 일부 약초는 서로 생김새가 비슷해서 찾기 힘들고 또 생김새가 비슷하더라도 약효가 서로 다르다. 그러나 식물학적으로 그 분류를 나누면 약효가 같거나 다른 원인을 쉽게 해석할 수 있었다.

> A 씨: 당귀(當歸)는 보혈 거풍(去風)이요, 시호(柴胡)는 해열 거풍이고 방풍(防風)은 온혈 작용을 합니다. 서로 다른 듯하면

서 또 같은데요. 영문을 잘 모르겠네요.

　B 씨: 당귀와 시호, 방풍이 모두 식물학적으로 서로 혈연관계를 갖고 있기 때문이 아닐까요. 이 세 약재는 모두 미나리과에 속합니다.

　박씨와 오씨의 대화에 귀가 솔깃했다. 식물이자 약초이었고 약초이자 식물이었다. 사뭇 흥미 있는 이야기였다. 노트를 펼치고 부랴부랴 기록을 했다. 이때 둘의 이름을 각기 밝히지 않은 게 탈이었다. 훗날 기록을 정리할 때 누가 누군지를 헷갈릴 뻔했다.

　도대체 누가 식물 이야기를 하고 또 누가 약초 이야기를 하고 있는 걸까.

　A 씨: 독활(獨活)은 다소 무서운 이름이지만 좋은 식물입니다. 여름에 꽃을 무성하게 피우고 가을에는 검은 열매로 익지요.

　B 씨: 우리말로 땅두릅이라고 불러요. 새순이 나올 때면 꺾어서 나물로 먹을 수 있습니다.

　A 씨: 예, 뿌리는 약재로도 쓸 수 있습니다. 주로 하반신 통증에 쓰는데요, 예전부터 자연 진정제로 사용하던 약재인데요. 그런데 약재로 쓰면 단통 혈압이 올라가는 데요, 참 이상해요.

　B 씨: 그건 아주 가능한 거죠. 삼처럼 산에서 홀로 산다고 해서 생긴 이름이라고 하잖아요? 식물학적으로 인삼과 같은 과의 식물입니다. 삼처럼 열을 만드니 혈압이 올라가게 되는 거지요.

　주인공을 밝히자면 A 씨가 한의사 오 씨이고 B 씨가 식물학자 박영진이다. 독활을 식물학적으로 분류하면서 박영진의 또 다른 얼굴이 드러나고 있는 것이다. 박영진은 약방의 약사를 뺨치도록 약물의 근원을 숙지하고 이에 따른 약물의 근성을 파악하고 있었다.

독활 이야기가 나오자 박영진은 한마디 덧붙이고 있었다. '열을 죽도록 내는 것'은 기실 독활이 아니라 조선 닥나무라는 것. 닥나무는 장백산에서 서식한다고 해서 일명 장백 서향(瑞香)이라고 부른단다. 나무의 맛이 고추냉이처럼 맵고 열을 낸다고 한다. 옛날 사람들은 겨울에 산을 넘을 때면 추위를 물리치고자 일부러 이 나무를 찾아 고추처럼 입에 물었다는 것이다.

책에는 잘 실리지 않은 이야기들이 마치 구멍이 뚫린 샘처럼 퐁퐁 솟고 있었다.

생명의 기운은 천불지산의 어디에나 물처럼 흐르고 있었다. 산에 오르면 박영진은 나무의 마음을 읽고 싶었고 풀의 소리를 듣고 싶었다. 너희는 어제 밤잠을 잘 잤느냐, 오늘의 땡볕에 더위는 타지 않느냐… 그의 생각을 읽은 듯 산새들이 지저귀고 시냇물이 돌돌 흘렀다. 하늘 아래 산의 소리를 귀로 들을 듯했다.

남의 눈에는 좀처럼 띄지 않는 식물도 금방 나타난다. 남의 눈에 좀처럼 발견되지 않는 식물의 특성도 금방 읽힌다. 그는 흡사 산이 점지한 식물의 도감(都監)인 듯했다. 천불이 점지한 산의 신령이 따로 없었다.

깨풀은 향다채(香茶菜)라고도 불러요. 독사에게 물렸을 때 늘 사용되는 약초인데요, 나무 아래나 풀숲의 습한 곳에서 자라죠. 꿀풀과 식물의 독특한 냄새가 납니다. 그러나 맵고 쓴 맛인데요, 뿌리가 아주 깊어요. 깨풀을 찾기 쉬운데요, 줄기와

‖ 연구소의 식물원에서 박영진은 그가 재배한 초목의 기능을 약제사에게 설명하고 있다.

가지에 살얼음이 생기기 때문입니다. 겨울이면 동토 아래에서
물기를 펌프처럼 뽑아서 올리거든요. 이 물기 때문에 줄기와
가지에 살얼음이 생깁니다. 무슨 열기 때문인지 깨풀 주위의
눈이 동그랗게 녹아요.

　식물에 너무 박식한 박영진을 두고 누군가는 그를 이단(異端)이라
고 했다. 조롱이나 핀잔이 아닌 감탄과 칭찬이었다. 식물은 박영진이
전공한 정통(正統) 학문 분야가 아니었지만, 그가 발견한 식물은 선후
로 중국 식물사진 베이스에 140여 개나 기록되었다. 연변농업과학원
에 배치된 후 그는 장장 10년을 벼와 씨름을 했다. 벼는 식물의 일종이

다. 식물은 약물처럼 그를 '중독'시킨 오랜 취미거리였다. 그래서 도서관에 드나들 때마다 다른 식물 자료를 습득했고 산에 오를 때마다 실물을 관찰했다. 『연변중초약』은 어느덧 그의 마음에 잎과 줄기를 피우고 하나의 '식물원'을 열고 있었다.

1980년대 중국에 개혁과 개방의 붐이 일어났다. 급기야 시골 농부들까지 쟁기를 버리고 저마다 장사판에 뛰어들었다. 박영진은 동료 연구원의 주머니에도 돈을 두둑이 채워주고 싶었다. 장백산의 산줄기를 오르내리면서 이런저런 식물을 하나둘 날라 내려왔다.

농업과학원 연구소의 뜰에는 갑자기 장백산의 식물이 여기저기 나타났다. 초본식물인 삽주, 우엉, 취, 고사리가 겨끔내기로 자랐고 목본식물인 진달래가 피었으며 황벽(黃檗)이 소소리 자랐다. 백두산의 노란 만병초가 평지에 왔고 고산지대에만 생장하던 누운 잣송이도 산을 내려왔다. 이 산 저 산의 무려 5백여 가지 식물이 한데 모여 작은 '식물원'을 만들고 있었다.

이 무렵 천불지산에는 호랑이가 또 출현했다. 인간의 무분별한 채벌과 수렵 등으로 한때 가뭇없이 종적을 감췄던 호랑이였다. 그런데 천불지산의 수풀에 다시 발자국을 찍고 있었던 것이다.

애기 도중에 다들 흠칫 놀랬다. 웬 호랑이처럼 엉뚱한 이야기가 박영진의 입에서 불쑥 뛰쳐나오고 있었던 것이다. "솔직히 말씀드리면요, 지금이라도 천불지산에 산불이 확 일어났으면 좋겠습니다."

천불지산에 내린 하늘의 불

예전에 천불지산에 하늘의 불이 내린 적이 있다. 벼락이 내려서 산에 불이 일어났고 풀과 나무를 태웠다. 어찌 보면 산의 이름처럼 천불(天佛)이 화전민들에게 점지한 길조(吉兆)였다. 땅을 태워 밭을 경작하던 화전민들이 아니던가.

그렇다면 박영진도 산에 화경(火耕)을 하고 식물원을 세울 심산(心算)이던가.

실제로 천불지산은 하늘이 내린 식물원이요, 동물원이다. 천불지산은 인가가 적고 동네가 흩어져 있다. 따라서 땅, 하늘, 물에 식물과 동물이 번식한다. 땅에는 84과 416종의 식물이 생장하고 8과 20종의 파충류와 양서류 동물이 서식한다. 하늘에는 36과 89종의 조류가 날고 강에는 13과 38종의 어류가 헤엄을 친다.

천불지산은 동식물이 번성하도록 천혜의 자연환경이 살아있는 산이다. 복주머니는 백두산에서도 아직 다른 군락지가 발견되지 못하고 있다. 그러나 산림이 무성하다고 해서 동식물이 언제나 번성하는 건 아니라고 박영진은 역설한다. 꺽다리의 나무들이 우쭐거리면 난쟁이의 식물이 죽어간다. 일부 난초는 나무의 그늘에 묻혀 꽃도 피우지 못하고 있다는 것이다.

"우리는 '호림방화(護林防火, 수림을 보호하고 불을 방지하는 것)'를 지침으로 삼고 있는데요, 그게 절대적인 게 아닙니다."

천불지산도 일정 시일이 지나면 불이 나서 수풀이 교체되어야 한다는 게 박영진의 지론이다.

그의 말처럼 산불이 일어난 후 생물의 다양성이 더 풍부해지는 현상이 있다. 한 지역에서 나무가 일정한 선을 넘어서면 해당 지역의 토질이나 기후에 가장 어울리는 나무 몇 종류만 남게 된다. 그리고 나무들이 지나치게 밀집하게 되면 이 한정된 나무와 연관된 동식물의 종도 한정되는 결과를 낳는다. 자연적인 산불은 일종의 '간벌(間伐)'을 하며 이에 따라 처음부터 다시 수풀이 자라나면서 다양한 종의 수풀이 생길 수 있는 기회가 생기게 된다. 또 나무에 집중되었던 영양분도 토양으로 돌아가서 땅의 비옥도를 올릴 수 있다는 것이다.

미국 서부의 국립공원은 산불이 일어나도 일정 수준까지 놔두는 방침을 지킨다. 호주의 환경보호국은 아예 서부지역에 3~5년마다 일부러 체계적인 통제 아래 인위적으로 산불을 내기까지 한다.

화제의 '산불'은 느닷없이 평야의 오이 밭에도 옮겨졌다. 오이의 잎에는 늘 진딧물이 생긴다. 언제인가 박영진은 이 진딧물을 없애야 하는가를 학생들에게 일부러 캐물었다. 그의 연구소는 대학원의 작업소가 되어 석사와 박사를 지도하고 있었다.

식물에 해를 일으키는 벌레가 병충이 아닙니까?
진딧물은 병충이니 당연히 없애야 하는 게 아닙니까?

작업소를 찾은 석·박사들은 열이면 열 물음이 똑같았다. 산에서 생긴 산불은 화재이니 진화해야 한다는 말과 마찬가지였다. 이때도 박영진은 산불이 생겨야 산이 산다는 식으로 산불의 필요성을 극구 역설한다. 산불은 기실 자연이 만든 간벌이라는 것이다. 그는 오이의 잎에 생기는 진딧물 또한 자연의 '산불'이라고 설명하고 있었다.

‖ 천불지산을 지키고 있는가, 웬 돌원숭이가 중턱에 쭈크리고 있다.

"진딧물이 생긴 건 정상이거든. 오이를 일부러 찾아온 거지."

오이 밭의 비료가 많으면 질소의 과다 현상이 생긴다. 그 질소를 없애기 위해 오이가 잎에 진딧물을 불러온다는 것이다. 진딧물은 수액을 빨아먹으면서 수액에 있는 질소를 줄인다. 산에 산불이 일어나는 것과 마찬가지의 현상이다. 진딧물을 죽이려고 살초제를 뿌린다면 도리어 오이의 병을 조장(助長)하는 격이다. 더구나 살초제는 풀을 죽이는 약이다. 과다 질소는 그대로 남고 또 약 성분이 오이에 들어간다. 엎친 데 덮인 격이다.

> 이른바 '병충' 즉 유해 생물의 소멸에 집착하는 것은 부질없는 작업입니다. 식물에 병이 나서 '병충'이 생긴다. 식물이 건강하면 병에 걸리지 않으며 따라서 '병충'이 생기지 않습니다. 식물 생산기술에서 우리는 출발점부터 치명적인 착오를 저지르고 있습니다.

박영진의 식물 재배원리는 처음부터 다른 길을 잡고 있었다. 근원 즉 뿌리에서 해법을 찾고 있었다. 머리가 아프면 머리만 치료하고, 발이 아프면 발만 치료하는 게 아니다. 전반을 감안, 재발이 없도록 근원을 찾아 해결한다는 것이다. 그가 나중에 산의 진달래를 들에 옮겨 심을 수 있었던 까닭이다. 진달래는 원래의 자리를 뜨면 3년 안으로 죽어버리는 경우가 많다.

> 진달래 하면 연분홍 살색의 꽃인데요, 철쭉과에 속하는 꽃입니다. 그러나 철쭉꽃하고는 전혀 다른 꽃입니다. 동쪽의 훈

춘에 가면 늦게 핀다고 늦꽃이라고 부르는 꽃이 있는데요, 그게 바로 철쭉꽃입니다. 철쭉은 진달래와 달라 독이 있어서 먹을 수 없기 때문에 개꽃이라고도 부릅니다.

진달래는 옮겨 심어서 살려내는 게 정말 어렵습니다. 균근(菌根)에 의해 먹고사는 식물인데요, 이 습성을 모르고 재배하면 모두 실패합니다. 이 균근은 솜처럼 생긴 덩어리 뿌리를 이룹니다. 진달래의 나무가 클수록 균근은 나무에서 더 멀리 떨어지게 되는 데요. 그걸 모르고 진달래를 옮겨 심으면 얼마 후 죽어버리게 됩니다. 균근이 토양에 정착하여야 진달래를 살릴 수 있습니다.

진달래가 병이 나거나 죽는 것은 진달래 자체가 앓기 때문이다. 진달래의 균형을 잡아주기 위해 벌레가 온다. 이 벌레를 잡기에 앞서 꼭 진달래에 병이 생긴 원인을 알아야 한다.

그러든 말든 사람은 진달래가 예쁘게 피어난 상태만 바란다. 박영진은 저도 몰래 머리를 설레설레 흔들었다. 사람들이 즐기는 식물의 형태로 된다고 해서 꼭 식물이 좋은 상태가 된 건 아니라는 것이다.

"매장에 올린 배추라면 벌레 먹은 자리가 없고 또 진한 녹색일수록 다투어 사겠죠."

"결국 인간이 추구한 결과라고 할 수 있지요. 그러나 더 많은 비료와 농약, 호르몬제가 사용되었다고 생각해보세요."

"저는 식물 재배의 근본을 바꿔야 한다고 생각하는데요, 농약을 뿌려 병을 치료하는 수단보다 작물 스스로가 병이 생기는 원인을 찾아서 해결해야 한다고 생각합니다. 그래야 자연과 농산물에 공해를 최소한으로 줄일 수 있다고 생각합니다."

연구소의 식물원은 식물의 생태를 아침저녁으로 관찰, 연구할 수 있게 했다. 필경은 평야가 아니라 고산에서 내려오고 계곡에서 나온 식물들이었다. 일부 식물은 겨울이면 움에 보관하는 등 특별한 관심이 필요했다. 많은 식물이 식물원을 '고향'으로 삼고 번식했다. 식물원의 관리는 몹시 어려웠다. 대부분의 일은 박영진의 살손을 필요로 했다. 식물원에는때 아닌 '산불'이 종종 일어났다. 언제인가 박영진은 우랄초(烏拉草) 한 포기를 옮겨 심고 주변에 일부러 쇠줄로 줄까지 둥그렇게 쳤다. 우랄초는 방한용 신발을 만드는 천연 재료로 인삼과 검은담비와 더불어 동북의 삼보(三寶)로 불린다. 그런데 어느 날 김을 매던 인부가 식물원에 하필이면 잡풀을 기르는가 하면서 몽땅 뽑아버렸다. 또 식탐을 내던 근처의 아줌마들이 식용 식물을 나물로 캐어 바구니에 담아 갔다. 만병초는 관상용이 되면서 누군가 화분째로 들고 갔다.

"정말 기가 막혀요, 다시 얻기 어렵고 또다시 옮겨 성공하는 게 말처럼 쉬운 일이 아니거든요."

천불지산의 천불(天佛)은 어디에

연변농업과학원에도 자의든 타의든 '산불'이 일어나고 새로운 '식물' 군락을 형성하고 있었다. 개혁개방 후 많은 연구소가 새로 등장했다. 미구에 박영진은 벼 재배 연구 부문에서 장백산경제작물개발연구소로 근무부서를 옮겼다. 이 연구소는 그가 약용 식물을 비롯하여 경제 작물을 개발, 연구하면서 새롭게 생긴 부문이다. 한낱 취미로 시작한 일은 연구원, 나아가 주급 연구, 개발의 과제가 되어가고 있었다.

"장백산의 야생 과일과 채소 생태모방 재배기술 연구", "장백산 두릅나무의 인공재배기술 연구", "오미자의 생태재배기술연구", "야생 개암의 품종선택 육종과 재배기술 연구" 등.

박영진은 식물 재배에 대한 연구를 어림잡아 몇백 가지 정도 한 것 같다고 말한다. 와중에 많은 연구과제는 그가 주도, 주관했다.

"고사리 포자 번식기술은 감히 제가 세계 제1호라고 자랑할 수 있는데요."

고사리 포자는 단세포로 영양재배를 하면 오염을 막기 힘들다. 조직배양을 할 때 영양액의 균을 소독해야 하는데, 소독할 때 멸균을 하면 고사리의 포자가 다른 균과 함께 죽어버린다. 박영진은 그의 특수한 경로를 통해 영양액을 소독하지 않는 방법으로 고사리 포자의 재배에 성공했다.

종국적으로 '까마귀 미역 감듯' 뚜렷한 성취는 없었다. 시장에서는 고사리의 인공재배가 경제효율이 없었기 때문이다. 그러나 외국에서 종묘가 안 된다고 하던 연구에서 성공한 그 점은 높은 평가를 받고 있다.

이에 앞서 진달래는 연구, 개발을 한 역사가 25년이다. 지인에게 부탁하여 씨를 얻어서 식물원에 심은 진달래는 벌써 15년이나 된다고 한다. 흰색의 진달래, 분홍색의 진달래가 나란히 담 기슭에 키 높이로 돋움을 하고 있었다.

"제가 전문 육성한 묘목은 쉽게 죽지 않습니다. 이 묘목을 들면 양의 똥 같은 흙덩어리가 주렁주렁 달려 있는데요, 이게 균근(菌根)이지요. 진달래가 30㎝ 가량 크면 다른 곳으로 옮겨 심습니다."

그동안 잘 밝혀지지 않았던 비밀은 또 하나 있었다. 진달래는 4년생부터 해수가 오랠수록 새로운 서식지로 옮긴 후의 생존 가능성이 적어진다는 것이다. 솔직히 그의 비밀은 하나가 아니었다. 벼로 시작하여 옥수수, 콩 등의 곡물은 물론 난초와 화훼, 진달래, 소나무 등 갖가지 식물을 '식물원'에 재배하면서 식물의 세상을 읽고 있었다.

식물의 재배는 구경 어디서 시작되었을까, 현재 어떻게 진행되고 있으며 또 어디로 가고 있을까….

어느덧 박영진은 식물의 재배학을 떠나 식물의 철학으로 눈길을 돌리고 있었고 또 인간의 철학으로 생각을 깊이 하고 있었다.

인간에게 세월이 흐르면서 새로운 병이 생기듯 식물에도 새로운 병충이 생긴다. 농학 공부를 했지만 궁극적인 대답을 찾기 위해 또 물리학을 배웠으며 천문학도 공부했다. 불교, 도교, 기독교 등 종교를 섭렵하기도 했다. 사실상 본인은 그 무슨 조직의 가입 자체를 싫어하는 사람이라고 거듭 말한다.

"유명한 승려를 만난 적도 있는데요, 어느 종교든지 해답이 시원스럽지 않았습니다. 다름 아닌 식물의 생태가 그 자체의 현상으로 현시(顯示)를 하고 있지 않을지 합니다."

박영진은 얼마 전에 과수를 실례로 삼아 논문을 작성했다. 작물의 재배원리를 둘러싸고 지구의 생태가 준 계시를 글로 엮은 것이었다. 살초제 등 약물의 범람 후과 등을 기술하고 재배기술의 실태와 문제, 방향을 기술했다. 책자를 출간한 후 농업부와 국무원에 보냈고 유엔식량농업기구에도 영문으로 번역하여 우송했다. 그의 생각을 사람들과 공유하고 싶었고 앓고 있는 세상을 미약하나마 성토하고 싶었다.

사람들은 옛날처럼 깨끗한 농산물을 바라지만, 공업화 전의 그런 환경은 더는 지구에 존재하지 않습니다. 유기농업, 생태농업 등등 자연 농업 얘기를 하고 있지만, 옛날의 농업이 아니며 결과물도 옛날의 그런 농산물이 아니라는 걸 알아야 합니다.
　　자연적인 최고의 농산물을 만들어 최대한 공해가 적은 안전한 농산물을 생산해야 합니다.

　인간은 식물의 생산 과정에서 자연의 자원을 소모, 파괴하고 있다. 식물에 병해충이 발생하는 것은 병균이나 해충이 범람하기 때문이 아니다. 그런데 인간은 농약을 투여하는 등 대량의 인력과 물력으로 식물계의 새로운 재난을 유발한다. 인간이 하는 일들은 적지 않게 지구를 오염하고 그들 자체마저 안심하지 못하게 한다는 얘기이다.

　자연과 인간은 하나의 유기체이다. 박영진은 늘 명상을 하고 수련으로 몸과 마음을 닦는다. 몸으로 자연의 소리를 듣고 마음으로 내면의 소리를 듣는다. 그에게 천둥처럼 들리는 소리가 있었다.

　"인간이 자연에 배출한 화학물질은 순환을 거쳐 다시 인간의 몸에 들어갑니다. 선을 행하면 선의 결과, 악을 행하면 악의 결과가 반드시 뒤따르는 거지요."

　자연과 인간이 함께 공존하는 그런 친환경의 생태를 존속해야 한다는 것이다. 그것인즉 바로 천불지산에 심고자 하는 박영진의 '꿈의 나무'이었다. 과연 그의 이 '꿈나무'가 군락지를 형성한 천불지산의 '복주머니'처럼 하늘 아래의 그 어디에나 푸르싱싱하게 자랄 수 있을까.

천불지산의 두 번째 이야기

백년 고목에
봉황새가
또 내려앉았네

천불지산에 시작되는 옛이야기

오랑캐령을 넘으면 숫을 바위 하나가 북쪽에서 엎어질 듯 달려온다. 대립자(大砬子), 중국말 발음 그대로 달라자라고 불리는 벼랑바위이다. 두만강을 건넌 이민들은 이때부터 그토록 고대하던 간도 땅을 눈으로 확실하게 읽게 된다.

바야흐로 수레의 자국을 따라 꽃향기처럼 피어나는 흙의 이야기는 이렇게 글에서 시작된다.

오랑캐령을 올라서니 서북으로 쏠려오는 봄 세찬 바람이 어떻게 뺨을 갈기는지.
"에그 춥구나! 여기는 아직도 겨울이구나."
하고 어머니는 수레 위에서 이불을 뒤집어썼다.
"무얼요, 이 바람을 많이 마셔야 성공이 올 것입니다."
나는 가장 씩씩하게 말했다. 이처럼 기쁘고 활기로웠다.

‖ 화룡현의 옛 현성 달라자의 유적, 집주인은 정부의 부탁이라면서 촬영자의 신분을 확인했다.

　　신경향파의 작가 최서해(崔曙海, 1901~1932)가 소설 『탈출기(脫出記)』에
서술한 장면이다. 이때의 간도는 곧 하늘 아래에 살아있는 산수화를
그릴 듯했다. 정작 최서해는 꿈속의 그런 풍경을 만나지 못하고 있었
다. 『탈출기』는 가난한 부부와 노모 세 식구가 1920년대 간도로 이주
한 후의 눈물겨운 참상을 묘사하고 있다.

　　소설 『탈출기』의 세 식구는 금세 벼랑바위처럼 험하고 힘든 세파에
시달린다.

그러나 나의 이상은 물거품으로 돌아갔다. 간도에 들어서서
한 달이 못 되어서부터 거치른 물결은 우리 세 생령의 앞에 기
탄없이 몰려왔다.

『탈출기』의 주인공은 촌 거리에 셋방을 얻어 살았다. 온돌장이(구들
을 고치는 사람)로 일했다. 어머니는 나무를 줍고 아내는 삯방아를 찧었
다. 나중에 주인공은 대구 장사로 콩을 바꿨고 콩 열 말로 두부 장사를
시작한다.

품팔이, 나무장수, 두부장수… 실은 저자 최서해의 힘든 생활고의
한 장면이었다. 최서해는 1918년 고향인 함경북도 성진을 떠나 간도
에서 생활했다. 삶 자체가 소설이던 작가였고, 소설은 '체험의 작품화'
의 소산이었다.

최서해는 오랑캐령을 넘은 후 염지밭골에 행장을 풀었다. 염지밭골
은 오랑캐령의 일부인 오봉산(五峰山) 기슭에 위치한다. 마을 이름을
만든 야생 염지는 한때 이르는 곳마다 무더기로 자라고 있었다고 한
다. 염지는 함경도 방언인데 부추라는 뜻이다. 훗날 염지밭골은 중국
글로 지명을 적으면서 구전동(韭田洞)이라고 불리고 있었다.

구전동의 최서해는 나중에 조선족 작가의 회억에 나타난다고 우리
일행을 안내한 남명철(南明哲)이 알려주었다. 남명철은 구전동이 소속
한 오랑캐령 기슭의 지신진(智新鎭) 토박이다. 그보다 남명철은 문학인
으로 고향에 등장한 작가 최서해에게 남다른 관심을 갖고 있었다.

실제 "최학송(崔鶴松, 최서해의 본명)은 생활난으로 1920년대 간도의 달
라즈(자)에 와서 생활을 하였다…. 자서전 같은 「탈출기」의 주인공처럼

어머니와 아내는 매일과 같이 두부를 앗아 연명하였다"라고 채택룡(蔡澤龍, 1913~1998)은 그의 문집에 소상히 기록한다. 채택룡은 오랑캐령 바로 저쪽의 함경북도 회령에서 출생, 1938년 용정에 이주하여 조선족 아동문학의 창시자로 거듭난 문학인이다.

"예전에는 구전동에는 안내판이 있었다고 들었는데요, 그때 이 안내판에 『탈출기』의 저자 최서해의 고향'이라고 밝혔다고 합니다."

안내판은 몇 해 전에 어디론가 '탈출'을 했다고 한다. 왜 안내판이 사라졌는지는 아무도 모른다. 안내판이 있던 옛 마을은 더구나 30여 년 전에 벌써 '탈출'을 했다. 염지밭골의 구전동은 또 성동촌(城東村) 1대(隊, 촌민소조)로 개명하였다. 성동촌은 화룡현(和龍縣) 현성의 바로 동쪽 마을이라는 의미이다.

화룡현 현성은 선통(宣統) 원년(1909) 달라자에 설치했다. 달라자에는 관청이 개설되었고 또 점포, 수공업장 등이 개설되었다. 달라자는 이때 바위의 지명을 떠나 바위 주변을 아우른 현성의 이름이 되고 있었다. 이 달라자는 이민들이 북간도 내지로 들어오는 교통요지였다. 아흔아홉 굽이의 오랑캐령을 넘어서면 강기슭의 길을 따라 금방 달라자에 이르게 된다.

현성은 그 후 달라자를 떠나 두만강 상류 지역으로 '탈출'했다. 민국(民國, 1912~1949) 29년(1940)에 생긴 화룡의 '탈출기'이다. 그럴지라도 화룡은 중국말 이름처럼 누군가에 응하는 용이라는 의미가 아니다. 만족말로 산속의 골짜기라는 뜻으로 오랑캐령 기슭의 하곡(河谷) 분지 모양 때문에 생긴 지명이다. 화룡은 광서(光緖, 1875~1908) 9년(1883) 최초로 『길림조선상민무역지방장정(吉林朝鮮商民貿易地方章程)』에 출현한다.

옛 현성의 관청 아문(衙門)은 지신촌 1대(隊, 촌민소조)에 있다. 아직도 옛집 한두 채가 달라자에 잔존하고 있다. 옛집을 카메라에 주어 담는데, 주인집 아줌마가 찾아와서 우리 일행을 채근했다. 방문자의 신분을 일일이 기록하라고 현지 정부의 관원이 특별히 주문하더란다. 어쩌면 현성 관아는 100년 후에도 수문장을 두고 있는 것 같았다.

수문장이 내내 문어귀를 지키고 있어서일까. 지명 달라자는 그냥 현지에 사라지지 않고 있다. 남명철은 옛 지명처럼 멀어지는 기억을 더듬어 땅 위에 널어놓았다.

"그때 최서해는 두부를 앗은 후 달라자에 와서 판 것 같다고 하는데요."

소설의 옛이야기가 남명철을 따라 아문을 비집고 나오고 있었다. 두부요, 두부를 사요! 백옥 같은 그 두부를 남명철의 선인(先人)도 언제인가 밥상에 올리지 않았을까. 남명철의 가족은 증조부 때 이 오봉산 기슭에 이주하고 있었다. 최서해가 살았던 염지밭골에서 불과 몇 리 정도 떨어진 동네였다. 현성의 남쪽에 위치한다고 해서 훗날 성남촌(城南村) 6대라고 불렸다고 한다.

마을은 동치(同治, 1861~1875) 말년에 생겼다. 이름을 장풍동(長豊洞)이라고 했다.

"길 장(長), 풍작 풍(豊)을 쓰지 않아요? 해마다 풍작을 갈망해서 생긴 이름이라고 하던데요."

마을의 어른들로부터 전해 들은 이야기라고 남명철이 밝힌다. 풍작을 갈망하는 농부들의 소원은 그토록 간절했다. 소원처럼 곡식은 우썩우썩 잘 자랐다. 콩 꼬투리가 고랑을 메웠다. 땅이 기름져서 콩과 풀이 한데 어울려 허리를 치고 있었다.

최서해가 이 장풍동에 와서 대구를 팔았을 수 있다는 얘기가 있다. 소설의 주인공처럼 콩을 장만하기 위해서 콩이 잘 나는 장풍동을 찾았다는 것이다. 장풍동은 마침 최서해가 살고 있던 염지밭골에서 그리 멀지 않은 곳에 위치했다. 어찌되었거나 장풍동은 풍작을 갈망하는 소원만 담은 게 아니었다. 시초의 의미는 풍수 용어에서 생긴 것이라고 전한다. 감출 장(藏), 바람 풍(風)의 장풍(藏風)으로, 혈장(穴場) 주변의 형국이 긴밀하여 혈정(穴井)을 지키고 바람의 침습을 막아 생기를 소모하거나 흩어지지 않게 하는 것을 말한다. 좋은 풍수는 꼭 장풍취기(藏風聚氣)를 해야 한다. 풍수가 좋은 곳은 주위가 산에 둘리고 물이 있는 등 살기 좋고 편안한 곳을 말한다.

그처럼 이무기가 용으로 거듭날 수 있던 좋은 곳이던가. 오봉산 기슭의 암자를 철거할 때 구새통 같은 구렁이가 기어나왔다고 한다. 용은 몰라도 산에는 범이나 곰이 자주 들락거렸다. 그런 와중에 곰을 등에 업었던 마을의 포수가 있었다. 오봉산의 수림에서 누군가 갑자기 다가와서 어깨에 손을 넌지시 얹더란다. 무인 산속에 누가 엉뚱하게 이런 장난인들 할까. 어이쿠, 곰이겠구나! 포수는 무작정 어깨에 걸친 앞발을 잡고 힘껏 메쳤다. 급기야 총과 함께 비탈에 데굴데굴 굴러간 것은 정말로 곰이었다. 곰은 엉겁결에 놀랐는지 엉기적거리며 숲속으로 가버리더란다. 범은 아예 산을 내려서 감히 마을에 얼굴을 내밀기도 했다. 장풍동은 오봉산에 들어서는 마지막 노루목이었던 것이다. 천불지산도 실은 여기서부터 시작된다. 동구에 갑자기 나타난 범에 사람들은 모두 기겁을 했다. 지척에서 범을 만난 남명철의 어린 고모할머니는 혼비백산을 했으며 그때부터 실어증으로 남은 일생을 살

‖ 고향마을 장풍동을 찾은 남명철, 장풍동은 인제 옛터에 표지석만 홀로 남았다.

았다고 한다.

"예전에 동네 노인들은 산으로 들어가려면 먼저 제사를 꼭 올려야 한다고 하시던데요."

현성 달라자처럼 오봉산은 범접하기 어려운 신령함이 깃들어 있었다. 실제로 오봉산은 옛날 신선들이 타고 다닌 다섯 봉황이었다고 전한다. 산과 사람, 명물은 조밥과 옥수수떡, 산나물처럼 남명철의 동년을 갖가지로 뒤범벅하고 있었다. 미구에 남명철의 글에 실린 장풍동의 이런저런 이야기이다.

천불지산에 내린 봉황의 이야기

사람들은 산에 들어가면 암자에 들러서 향을 피웠다. 8.15 광복 전까지 오봉산에 있었던 이야기이다. 지금도 샘터에는 사시장철 물이 흐르지만 목탁을 두드리는 소리는 더는 들리지 않는다.

장풍동의 북쪽에 있던 남석(南夕)에도 이름난 샘터가 있었다. 남석은 평안도 방언으로 양지쪽이라는 의미이다. 옛 샘터는 세 고목의 기슭에 있다고 해서 삼고목(三古木) 샘터라고 불린다. 옛날 오랑캐령을 내린 길손들은 고목의 그늘 아래에 잠깐 다리쉼을 하면서 갈한 목을 달랬다고 한다.

정말이지 고목의 그늘에 묻힌 옛날 옛이야기가 금방 볕으로 기어 나올 것만 같다.

"동네 노인들이 말씀하시는데요, 조선 시대의 유명한 무학(無學)대사가 이 샘터를 다녀갔다고 합니다."

남명철이 글로 전하는 마을의 전설이었다.

전설에 등장하는 무학대사는 조선왕조 건국공신의 국사(國師)로, 5백 년의 도읍지 한양 천도(遷都)를 주장한 풍수지리학의 대가이다. 그는 백두대간을 꿰뚫고 5백 년의 국운을 읽은 혜안을 지니고 있었다. 백두대간은 백두산에서 남쪽으로 뻗어 내린 반도의 골격이며, 풍수지리설은 그 대간 사이의 산과 물에 맥과 혈을 기본으로 하고 있다.

무학대사는 도참(圖讖) 비기(秘記)를 공부하고 백두대간을 숙지했다. 천불지산은 백두대간의 지맥으로 천불(天佛)이 하강했다고 하는 명산이다. 빛에 그림자가 따라붙듯 천불지산의 기슭에 무학대사의 발자국이 나타나는 것이다.

웬일인지 무학대사가 마셨던 샘물은 끝내 종적을 감췄다. 땅 위에 퐁퐁 솟던 샘물은 벌써 10여 년 전의 해묵은 이야기라고 한다. 느릅나무가 장승처럼 그냥 옛 샘터를 지키고 있다. 느릅나무는 다른 고목과 달리 가지가 제멋대로 엉키고 구불구불 자라고 있다. 근처에 둘도 없는 특이한 수상(樹相)이다. 남석 동네의 신주(神主) 나무라고 해서 누구도 함부로 손을 대지 못한다고 한다.

기인(奇人)은 이상(異相)을 현시(顯示)한다. 무학대사는 특이한 골상(骨相)을 지니고 태어났다고 전한다. 그가 너무도 못생겼다고 해서 아버지는 탯줄을 끊기 바삐 멀리 내다 버렸다. 학들이 날아와서 아기를 감싸 안고 보호하자 그제야 기이하게 생각하고 도로 데려다 키웠다고 한다. 정말로 얼굴 생김새가 뒤죽박죽으로 못생겼었나 보다. 무학대사가 훗날 왕으로 등극한 이성계(李成桂)와 지리산(智異山)에서 주고받은 농담이 있다.

> "대사(大師), 오늘 대사의 얼굴은 돼지 같이 보입니다."
> "전하(殿下)의 용안(龍顔)은 제 눈에는 부처님 같아 보입니다."
> "한번 웃자고 그랬는데 과인(寡人)을 부처님 같다니요?"
> "부처 눈에는 부처님, 돼지 눈에는 돼지만 보이지요."

우연이라면 기막힌 우연이 아닐 수 없다. 샘물터의 느릅나무 밑동에는 뒤죽박죽 뭉그러뜨린 모양의 돼지 얼굴이 나타난다. 또 이 돼지를 빈정거리는 듯 느릅나무의 왼쪽 나뭇가지에는 웬 원숭이가 달려 그네

‖ 짐승대가리 모양의 느릅나무 밑둥 그리고 그 짐승을 비꼬는듯 그네를 타고 있는 원숭이.

를 타고 있었다.

　어쩌면 무학대사와 이성계의 야담은 이상(異相)으로 오늘까지 고목
에 생생히 현시하고 있는 걸까….

실제 무속인(巫俗人)의 눈에 달라자는 단지 산의 바위가 아니다. 하늘의 봉황새처럼 땅에 날아 내린 별이다. 와중에 천상의 문을 열어 글을 받은 도사를 문창성(文昌星)이라고 부른다. 글의 도사는 신통력이 통하여 글이 뛰어나다. 그 별의 도사를 하늘의 부처님이 일부러 점지하여 달라자에 내려 보냈던가. 최서해와 같은 글의 도사는 달라자에 별무리로 군체를 이룬다.

> 죽는 날까지 하늘을 우러러
> 한 점 부끄럼이 없기를
> 잎새에 이는 바람에도
> 나는 괴로워했다
>
> 별을 노래하는 마음으로
> 모든 죽어가는 것을 사랑해야지
> 그리고 나한테 주어진 길을
> 걸어야겠다
>
> 오늘 밤에도 별이 바람에 스치운다

시인 윤동주(尹東柱, 1917~1945)의 글이다. 윤동주는 증조부 때 함경북도 종성에서 두만강을 건너 개산툰(開山屯) 일대로 이주, 1900년 조부 때 달라자의 명동촌으로 이사를 했다. 윤동주가 남긴, 진실한 자기성찰을 바탕으로 순수하고 참다운 인간의 본성을 그린 100여 편의 시는 오늘날에도 해맑은 영혼의 징표가 되어 준다.

윤동주는 간도에 봉황새처럼 나타난 시단의 별이었다. 그의 생가는 현재 명동 나아가 용정의 명소가 되고 있다. 학계의 일각에서는 윤동주를 일제시기 민족의 '저항시인'이나 독립의식을 고취한 '애국적 시인'으로 평가하고 있다. 그러나 그는 생전에는 유명한 시인이 아니었고 또 독립투쟁의 목소리를 높이던 열혈청년도 아니었다.

명동에서 문학인으로 소문을 놓은 인물은 윤동주의 고종사촌인 송몽규(宋夢奎, 1917~1945)이다. 송몽규는 중학교 3학년 때인 1934년에 벌써『동아일보』신춘문예에 당선되어 주변을 놀라게 했던 것이다.

뚜렷한 민족의식으로 독립을 갈망했던 송몽규는 윤동주를 반일독립의 길로 이끈 키잡이었다. 그러나 그는 명동 나아가 연변에 새별처럼 떠오른 윤동주의 명성에 그늘이 가려 있으며 세간에 잘 알려지지 않고 있다. 윤동주의 생가 바로 길 건너 쪽에 있는 송몽규의 옛집은 아직도 명동 참관자들의 방문지에 잘 출현하지 않는다.

송몽규는 윤동주와 한 고향에서 태어났고 함께 명동소학교에 입학하였으며 함께 용정 은진(恩眞)중학교에 입학하였다. 와중에 민족주의자의 영향을 받아 중퇴하고 중국 중앙군관학교 낙양(洛陽군)분교 한인반(韓人班)을 다녔다. 이 한인반에 한국임시정부는 반일독립전쟁에 필요한 그들의 군사간부를 양성하고 있었다. 송몽규는 그의 뛰어난 문학재능을 발휘하여 군관학교에서 잡지를 꾸렸으며 이에 따라 별칭 '청년문사'로 불렸다. 1943년, 윤동주와 함께 당국에 체포될 때 송몽규의 죄목은 '조선인학생 민족주의집단사건'의 주모자였다.

달라자의 방문록에 '실종'된 명인은 하나 또 있다. 조선의 초기 영화인 나운규(羅雲奎, 1902~1937)는 바로 명동이 배출한 거물이다. 나운규의

‖ 송몽규의 옛집은 명동의 길어귀에 있다. 옛집 오른쪽 귀퉁이의 우물을 음용했던
송몽규, 윤동주, 라운규는 모두 세계적인 인물로 되었다.

대표작 『아리랑』(1926)은 민족정신을 고양하고 또 흥행에 성공한 좋은
작품이다. 이 영화를 감독하고 출연한 후 나운규의 인기는 최고조에 달
했으며, 조선 영화계는 그의 영향력에 의해 움직이기 시작했던 것이다.

남명철이 말하는 작가는 명동에만 있는 게 아니었다. 북쪽 근처의
장재(長財) 마을에도 글의 별이 떠오르고 있었다.

"소설 〈두만강〉의 저자 이기영이 바로 장재의 동쪽 골짜기에서 살았
다고 전하는데요."

이기영(李箕永, 1896~1984)은 1930년대를 대표하는 소설가이다. 대하
소설 『두만강』은 북한 역사소설의 시발점으로 평가되는 대작이다. 이

소설은 작가 자신이 살아온 시대를 총괄, 1930년대의 조선인들의 생활상이나 사건이 대부분이다. 그 시기의 식민지 수탈구조 그리고 무지와 몽매 속에서 허덕이던 농촌 현실을 고스란히 싣고 있다.

암울한 그 시대를 소설에 담은 작가는 장재에 또 하나 있다. 향토문학의 별로 불리는 김창걸(金昌杰, 1911~1991)이다. 김창걸은 1936년 처녀작을 내놓은 후 1943년까지 『암야(暗夜)』 등 31편의 소설을 발표했다. 향토색채가 풍부하고 식민지 통치하의 암흑한 현실을 반영한 그의 작품은 학계의 높은 평가를 받는다. 참고로 김창걸은 1949년 동북조선인민대학(연변대학)에 초빙, 조선어문과(훗날의 조선언어문학학부) 창설자의 하나가 되었다. 이때부터 그는 조선어문과 강좌장으로 있으면서 조선문학사 등 여러 과목을 개설하는 등 교수활동에 전력했다.

김창걸은 윤동주가 태어나던 1917년에 장재에 이주했다. 윤동주보다 7년 앞서 명동학교를 졸업하고 은진중학교에 입학하였다.

아무래도 설명을 더 하고 건너가야 할 것 같다. 명동학교의 초대교장은 윤동주의 외삼촌 김약연(金躍淵, 1868~1942)이다. 1901년, 김약연은 지우들과 함께 명동 부근에서 구학서당 '규암재(圭巖齋)'를 창설하는데, 이 서당은 중국 민족교육의 첫 배움터가 되었다. 김약연은 1908년 또 신학교육을 실시하는 '명동서숙'을 설립, 만년에는 은진학교 이사장으로 있었다. 명동은 김약연 등이 땅을 사들여 조선인 이민 마을로 만든 후 "동쪽의 조선을 밝게 한다"는 뜻으로 지은 이름이다. 이 지역은 워낙 동씨(董氏) 성의 중국인이 차지하고 있었지만, 동씨네 지팡(地方, 지방)은 미구에 조선인 이민으로 크고 작은 동네를 이뤘다. 정착한 이민들은 거개 함경북도의 사람들이었다. 명동의 이웃마을 장재는 바로 함경도 방언으로 판자를 이어 짠 나무 담을 이르는 말이라고 한다.

남명철의 증조부도 함경북도 태생이다. 경성군 주북면 부하동에 살았다고 한다. 옛 고향은 주을온천으로 이름난 지역이었다. 그러나 온천이 있더라도 살기 좋은 고장은 아닌 듯했다. 옛날 함경북도의 사람을 니전투구(泥田鬪狗) 즉 진흙탕에서 싸우는 개처럼 강인하다고 한 의미를 읽을 수 있을 것 같다. 이 말은 태조 이성계가 조선 팔도 사람의 품성을 묻자 정도전(鄭道傳)이 함경북도의 사람들을 니전투구라고 한 데서 기인되었다고 한다. 정도전은 이성계를 도와 조선을 건국한 개국공신이다. 고향인 함경북도의 사람을 개에 비유하자 이성계의 얼굴색이 대뜸 틀어졌다. 그래서 정도전은 석전경우(石田耕牛) 즉 돌밭을 가는 소처럼 우직한 품성도 있다고 둘러서 이성계의 기분을 누그러뜨렸다고 한다.

예전에 함경북도에는 이조 왕실과 등을 돌린 실학파들이 많았다. 정배살이를 살고 있는 양반이나 선비들이 적지 않았다. 니전투구나 석전경우의 속담을 만들 정도로 땅이 척박해서 자원 이주하는 사람은 아주 드물었다. 100년 전, 강 건너 간도에 이주했던 함경북도의 간민(墾民)이 특별히 많은 것은 무엇보다 여기에 사연이 있지 않을까 한다.

두만강을 건넌 이민들은 오봉산의 기슭에 크고 작은 동네를 만들었다. 서당이 여기저기 일어섰고 이윽고 글의 도사들이 봉황새처럼 무더기로 날아올랐다. 천불지산에 비낀 노을은 달라자에 오색의 세계를 펼치고 있었다.

천불지산에 날아오른 '버들'의 이야기

달라자의 이런저런 이야기를 남명철은 얼마 전 글로 엮어냈다. 이 수필집은 남명철의 72편의 작품을 '버들의 화분'에 담고 있다.

버들은 실은 천불지산에 있는 신기한 이상(異象)이다. 속말에 이르기를, '소나무는 말라죽을지언정 산꼭대기에 올라가고 버들은 물에 빠져 죽을지언정 강가에 내려온다.' 그런데 버들은 한사코 천불지산의 산정에 올라 끼리끼리 수풀을 이루고 있는 것이다. 이 버들이 문득 천불지산을 내려와 화분으로 남명철을 찾고 있었다.

어느 날 남명철은 창가의 빈 화분을 밖에 내놓았다. 꽃이 죽은 화분은 '꽃'의 슬픈 무덤이었다. 어디선가 버드나무의 씨가 날아왔다. 화분은 드디어 버들의 싹을 피어 올렸다. 버들은 키 높이까지 자라서 창가에 머리를 삐죽이 들이밀었다.

옛 고향의 주인을 찾아온 걸까. 버들이 그렇게 반가울 수 없었다. 버들은 급기야 남명철의 글에 올랐고 또 『버들 화분』의 수필집 이름으로 등장했다.

글의 세계에는 늦깎이로 입문했다고 남명철은 자조하며 말한다. 나이 마흔여덟에야 비로소 글을 발표하기 시작했다는 것. 그만큼 하늘 아래 받은 그의 감수와 깨달음은 남다를 수밖에 없었다. 무엇보다도 세상을 글로 함께 나누고 싶었다.

남명철의 눈에 펼쳐진 그 세상을 수필에 실린 그의 글로 읽어본다.

> "(천불지산의) 산봉우리에 올라서서 발아래 굽이치는 산들을
> 둘러보노라면 맑은 바람이 불어오는 가운데 인간세상의 영욕
> 이 물거품처럼 사라지는 초탈함을 맛볼 수 있다."

글은 곧 빛이다. 빛처럼 세상을 드러내고 세상에 흐르며 세상에 지속한다. 빛을 보듯 글을 읽고 글을 보듯 빛을 읽는다.

그의 부친은 누구보다도 빛의 글로 세상을 읽고 있었다. 세상을 살면서 글을 떠나지 말아야 한다고 늘 남명철에게 부탁했다. "뭘 하든지 꼭 글을 읽어야 한다고 하셨지요." 실은 부친 혼자의 말이 아니었다. 조부 때부터 남씨 가족에 대물림처럼 전해지는 좌우명의 문구였다. 조부는 그때 벌써 드물게 서당의 글을 읽었던 구학(舊學) 선비였다. 8.15 광복 전에는 글공부를 했다고 해서 성남촌의 툰장(屯長)으로 있었다.

"큰 나무가 도끼를 맞는다." 극좌운동인 '문화대혁명'(1966~1976) 기간 조부는 투쟁을 받았다. 그래도 조부는 집에 돌아오면 또 공자 왈, 맹자 왈을 운운했다. 글 도사의 슬픈 이왕지사였다. 투쟁은 갈수록 더 심해지고 있었다. 낡은 사상, 문화, 풍속, 습관을 깨뜨린다는 '4대 악습 철폐(破四舊)' 운동이 일어났다. 장롱에 모처럼 보관하고 있던 남씨 족보를 부득불 불에 태웠다.

남명철은 아쉬움을 금치 못한다. "할아버지는 의령 남씨의 입북 18대라고 하던데요… 저는 월강(중국 입국) 후의 우리 남씨 가계도를 꼭 만들고 싶습니다."

예전에 남씨 가문에는 족보를 전문 만드는 선비가 따로 있었다고 한다. 남씨네 집안을 찾아다니면서 가계를 조사, 확인하여 글로 적었다.

지옥과 같은 고생살이는 족보처럼 내처 3대를 잇고 있었다. 부친은 시초에 현지의 지신향(鄕, 지금의 진) 우정소(郵政所) 직원으로 근무했다. 그는 시골에서는 그때 드물게 고중까지 글을 읽은 '선비'였던 것이다. 그러나 얼마 후 우정소에서 쫓겨났다. 왜정 시기 툰장으로 있었던 조부

‖ 1975년 지신소학교 졸업기념 사진,
세번째 줄 왼쪽 두번째 인물이 남명철이다.

의 오류분자(五類分子) 신분 때문이었다. 오류분자는 특수한 정치신분으로, 지주와 부농, 반혁명분자, 나쁜 사람, 우파 등 다섯 유형의 사람을 통칭한다. 공화국이 창건된 후 특히 '문화대혁명' 때 그들은 비천한 정치신분 때문에 반항능력을 상실했으며 비인도적인 박해를 받았다.

다들 숨을 쉬어도 남의 눈치를 살피고 있었다. 집에는 종일토록 웃음소리가 들리지 않았다. 그래도 외가에 가면 오랜만에 가슴을 헤치고 큰 소리를 지를 수 있었다. 외가는 오봉산 저쪽 서래골(西來溝)의 끝머리에 있었다. 일설에 서래골은 서리가 끼는 골짜기라는 의미라고 한다. 동네에는 석굴이 있고 또 막집이 있었다고 해서 석막 어구라고 불렀다.

날이 가고 해가 지나도 중천의 밝은 해를 볼 수 없었다. 동년의 세월을 마치 이 석굴에 다 가두어 놓은 것 같았다. 조부의 나쁜 신분 때문에 남명철은 홍소병(紅小兵)에 좀처럼 가입하기 힘들었다. 홍소병은 '문화대혁명' 시기 소학교의 군중적인 학생조직이다. 그가 간신히 홍소병에 입적한 것은 막 소학교를 졸업하던 1975년이었다. 더구나 말수가 적어진 남명철은 늘 고방에 들어박혀 책과 함께 고독을 씹어 삼켰다.

운명의 작간인가, 글 무지에 파묻히고 있었지만 결국 따분한 숫자와 이웃해야 했다.

중학교를 졸업한 후 남명철은 전과학교에 입학하여 회계학을 배웠다. 전과학교를 졸업한 후 회계원의 신분으로 국영 담배회사에 입사하였다. 그때부터 담배에 묻힌 지전장과 씨름하면서 30년 세월을 보냈다. 통계부터 회계, 재무과장, 부지배인을 거쳐 나중에는 담배회사의 지배인이 되었다.

남명철은 전생에 담배와 그 무슨 인연을 맺었던 것이 아닐까 하고 생각한다. 달라자에는 한때 양귀비꽃이 산과 들에 만발하고 있었다. 그래서 아편마을을 뜻하는 대연촌(大煙村)이라는 지명도 만들어졌다.

양귀비꽃처럼 책의 세계는 남명철을 어릴 때부터 '중독'으로 이끌었다. 남명철은 세상이 다하도록 상상이 꽃을 피우고 열매를 맺는 문학의 숲에서 자라고 싶었다. 천불지산은 책으로 세상을 깨닫도록 그를 점지하고 있는 것 같았다.

"장풍동은 시가지와 멀리 떨어진 시골입니다. 그래서 읽고 싶어도 동네에서는 책을 얻기 힘들었어요."

기실 책방이 있다고 해도 책을 살 돈이 없었다. 부친도 실은 고중까지 다니다가 가정의 경제난에 중퇴를 했던 것이다. 어린 남명철은 글자가 있는 건 닥치는 대로 손에 들었다고 한다. 집구석을 뒤져서 부친의 옛 교과서를 찾아내서 읽었다. 어문과 역사, 지리 교과서는 그의 손에서 보풀이 일어났다. 남의 집에 갔다가 소설책을 발견하면 손에서 빼앗다시피 빌어다가 밤을 패며 읽었다.

이야기의 '책'은 세월과 더불어 땅 위에 '책'의 세계를 펼치고 있었다. 세상을 발로 뛰어다니면서 '책'을 읽을 수 있었고 또 눈으로 보고 귀로 들은 세상을 '책'으로 기록할 수 있었다.

'책'의 새장을 열고 비둘기가 떼를 지어 장풍동의 남쪽 고개를 날아 올랐다. 천불지산의 기록에 따르면 그날 고승 용성(龍城, 1964~1940)선사가 산 고개에서 설법을 했다. 그는 조선 후기의 불맥(佛脉)인 지안(志安, 1664~1729) 조사(祖師)의 환생이라고 전한다. 선사는 고개의 바위에 앉아 인간이 아닌 짐승들을 상대하여 설법을 했다. 범과 곰, 늑대 등 짐승들에게 인간한테 해를 주지 말라고 강설했다. 선사가 설법을 시작하자 난데없이 비둘기가 구름처럼 몰려와 고개의 바위들을 뒤덮었다. 일명 개똥바위라고 불렸던 이 바위는 이때부터 비둘기바위라고 달리 불렸다고 한다.

용정의 명산 『천불지산』에 실린 이야기이다. 책은 이 산에 오른 용성 선사가 부처를 친견한 기담을 적고 있다.

비둘기바위 부근의 솔밭에 이번에는 또 '독수리'가 날아왔다. 이 무명의 '독수리'는 선사와 더불어 마을의 기억에 자리를 틀고 앉았다. 이때의 '독수리'는 새가 아니라 웬 처녀의 별호라고 남명철은 수필에 적고 있다. 1930년대 이름 모를 처녀가 장풍동에 나타나 반일선전을 했다. 처녀는 검정치마에 흰 저고리를 입고 있었다고 마을 사람들이 전한다. 그날 처녀는 느닷없이 마을에 들이닥친 일본 군경의 총에 맞아

숨겼다.

"노인들은 지금도 오봉산의 하늘을 날고 있는 독수리를 만나면 그 처녀 영웅의 '환생'이라고 합니다."

책에 글로 실은 마을의 기억은 또 하나 있었다. 이 기억은 남명철의 글줄에 열반하는 봉황새처럼 큰 불길을 태워 올리고 있다.

경신년(1920), 일본군은 '대토벌'을 감행하고 간도 지역의 조선인들을 야수적으로 대량 학살하였다. 이때 일본군은 반일지사 아홉 명을 성남촌의 어느 농가에 가둬 넣고 대못으로 문을 박은 후 불을 질렀다. 나중에 일본군은 이 아홉 반일지사의 목을 잘라 마을 어귀의 느릅나무에 효시하였다. 소설 같은 이야기는 이때 생겼다고 한다. 반일지사 가운데 아기를 업은 여인이 있었다. 여인은 지붕에 불이 치솟고 주변이 혼잡스러운 틈을 타서 아기를 밖으로 밀어냈다. 농가의 구석 벽에 소똥을 쳐내는 구멍이 하나 있었던 것이다. 아기는 마을 사람들의 도움으로 무사히 목숨을 구할 수 있었다. 아기는 장성한 후 8.15 광복을 만나 조선으로 나갔다고 한다.

어느덧 옛사람이 사라지고 옛 마을이 소실되고 있다. 남명철이 살고 있던 장풍동도 벌써 옛 이름만 남고 있었다. 백 년을 지난 천 년 전의 기억은 더는 '천서(天書)'처럼 읽기 힘들었다. 애초부터 시작을 읽을 수 없었고 또 줄거리를 읽을 수 없었으며 결말은 더구나 읽을 수 없었다.

석막의 서쪽 근처에 있다고 하는 한왕산성(汗王山城)에 남명철은 여러 번이나 다녀왔다. 한왕산성은 청(淸)나라 태조 누르하치(努爾哈赤, 1559~1626)의 출생 설화가 등장하는 옛 산성이다. 절벽의 천연요새를 이용한 이런 형태의 산성은 고구려의 첫 도읍인 오녀산성(五女山城)에도 그림자처럼 나타난다.

이 오녀산성에 남명철은 7,8년 전 일부러 천리 길을 다녀왔다. 옛 고목 기슭에는 옛 샘이 아직도 퐁퐁 솟아오르고 있었다. 오녀산성은 그의 기억에 또 하나의 층계를 절벽에 쌓아 올리고 있었다. 이런 고구려 시대의 옛 성은 바로 장풍동의 부근에도 있었다. 어느 때인가 인삼을 길렀다고 해서 양삼평(養參坪) 산성이라고 불리는 유적이다.

"그토록 깊은 골짜기에 산성이 있다는 게 믿어지지 않았습니다. 또 골짜기에 인간이 살고 있었다는 게 정말 희한하게 생각되었지요."

지방의 『문물지(文物志)』등 문헌을 찾아 읽었다. 책을 두 번 세 번 거듭 읽는 이유는 바로 여기에 있었다. 알고 보면 백 년 전 강을 건너고 산을 넘어 이주했던 이 땅에 우리 선조는 벌써 오래전부터 보습을 깊이 박고 있었다. 그렇다면 우리는 도대체 언제 어디서 어떻게 시작되었을까…?

남명철은 글의 자물쇠를 활짝 열고 그 세계를 낱낱이 읽고 싶었다. 언제인가부터 서재에는 책들이 키 높이를 쌓았다. 한국에 다녀올 때 그의 행낭에는 언제나 책이 두둑했다. 신분은 담배회사의 지배인이지 경제인이었지만 서고에서 뽑은 책들은 경제서적이 아니었다. 족보와 관련한 책이 있었고 조선왕조실록과 고구려사, 신라사, 백제사 등 역사서였다. 이런 추적의 흔적은 그의 글에 드문드문 나타나지만, 이런 저런 일로 수필에는 끝내 실리지 못하고 있었다.

남명철은 회사에 도서관을 꾸리기에 이르렀다. 그만 아닌 회사원 전체에게 글의 마당을 닦고 싶었다. 현지의 언론인과 문학인들을 만나면서 글의 세계는 바야흐로 더 가까워지고 있는 듯했다. 하늘을 헤엄

치는 구름송이가 급기야 손에 닿을 듯했다. 책 더미의 산에 올라 깃을 펼치고 날개를 파닥인다. 청청한 하늘을 날고자 하는 새의 화려한 춤사위가 곧 펼쳐지는 것이다.

"쉰일곱을 먹고 책에 미친다니 다들 놀랍게 생각하는데요, 퇴직하기 전까지 마냥 책을 공부하고 글만 쓰고 싶습니다."

큰 바위의 달라자 부근에 차를 멈추고 기념촬영을 했다. 달라자는 길가의 말뚝 표지물 노릇을 하고 있다. 이 달라자를 지나면 곧바로 용정 시내에 이르게 된다. 그곳에서 용이 구름을 타고 하늘에 날아올랐고 또 봉황새가 구름을 타고 하늘을 날고 있었다.

천불지산의 세 번째 이야기

함박동의
이름 모를 장군과
슬픈 전설

천불의 산을 수호하는 호법신

이 이야기는 마을에 전하는 전설로 시작된다. 전설은 부근의 산봉우리를 타고 마을에 내려오고 있다. 그러나 전설의 주인공은 단지 성씨만 남겼을 뿐이다. 눈과 코, 입을 읽기 힘든 미지의 인물이 된 것이다.

지방문헌인 『용정현지명지(龍井縣地名志)』가 이 전설을 기록하고 있다.

어느 날, 임신한 웬 아낙네가 산에 올라 나물을 캤다. 그러다가 노곤해서 그늘 아래에 낮잠을 청했다. 비몽사몽에 순둥순둥한 아기를 낳았다. 눈을 깜박 뜨고 보니 남산 같던 배가 홀쭉했다. 정작 천금 같은 아기는 오간데 없었다. 어느새 구름을 타고 하늘에 날아갔는지 아니면 물처럼 땅에 잦아들었는지 모른다. 주변에는 기이한 봉우리가 병풍처럼 서있고 무성한 기화요초(琪花瑤草)가 향기를 풍기고 있을 따름이었다.

정말 기괴한 일이었다. 소식이 전하자 마을 사람들은 모두 아기가 범상하지 않다고 여겼다. 아기가 앞으로 큰 장군으로 될 인물이라는 것이었다. 그들은 기이한 아기가 출생한 이 산에 촌부(村婦)의 남편 성씨를 따서 곽장봉(郭將峰)이라고 이름을 지었다.

곽씨 장군을 잉태한 그 마을은 곽장동(郭將洞)이라고 불렸다. 마을이 생겼던 광서(光緖, 1875~1908) 초년에 있은 일이다. 그런데 곽장동의 미지의 이 인물은 실은 홀아비라는 설이 있다. 만족말로 발음하면 'gezang'인데 이는 홀아비를 의미한다. 길림성(吉林省)의 어느 민속학자가 이렇게 지명을 해석하고 있다. 아예 장군이 없던 마을이라고 고집을 쓰면 모를까, 곽장동은 순 조선인만 모여 살던 작은 마을이었다.

곽장봉 동남쪽의 향 소재지 백금동(白金洞)도 조선인들이 만든 동네이다. 간민(墾民)이 정착했던 광서 초년에는 우리말의 함박동이라고 불렀다. 함박은 통나무를 파서 큰 바가지처럼 만든 그릇이다. 마을은 이름처럼 함박을 만드는 것으로 소문이 났다고 한다.

함박동에 흘러드는 대림하(大林河)는 옛날 사금꾼들이 금을 캐던 곳이었다. 대림하는 양안에 수림이 많다고 부른 이름이지만 그보다 사금으로 소문을 놓고 있었던 것이다. 사금을 캐던 그 골짜기는 지금도 사금구(沙金溝)라고 불리고 있다. 사금을 채취할 때 흘러내림을 방지하는 접시를 사용해야 하는데, 이때 큰 바가지 모양의 함박이 많이 사용된 듯하다. 아무튼 함박은 대림하를 따라 두만강에 흘러가고 옛이야기만 홀로 남아서 지명 백금으로 안착되고 있었다.

가야국(伽倻國)의 국사(國師) 후손인 김기복(金基福, 사망)도 가족과 함

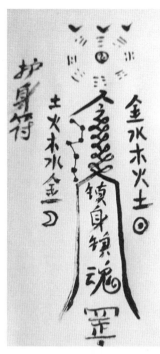

‖ 국사 가족의 신화 이야기에
따르는 호신부 부호.

께 한때 백금에 안착했다. 김씨의 선조는 옛날 왕궁에서 천운을 살피
고 길흉을 가리던 점성가(占星家)였다고 한다. 이때 전승인에게 구전으
로 전하는 별자리만 해도 무려 3650개에 달했다. 참고로 사람이 눈으
로 볼 수 있는 별은 2천여 개일 뿐이다. 김씨의 선조는 또 음양팔괘(陰
陽八卦)의 희대의 둘도 없는 고수였다. 음양팔괘는 중국 민간에 몇 천
년 유전, 만물의 변화 이치를 논술하고 있다. 삼황(三皇)의 거두인 복희
(伏羲)가 창안한 후 점술에 사용되었다. 선조는 또 당(唐)나라 때 대륙에

와서 음양팔괘의 비술(秘術)을 등을 전수받았다고 김씨 가족에 전하고 있다.

김씨 가족은 미상불 천불이 점지했다는 산의 기운을 찾아온 것이렷다. 백금 즉 함박동은 천불지산의 서쪽 자락에 있는 동네이다. 천불지산의 기운이 현시(顯示)되는 바위도 실은 이 동네에 있었다.

기이한 바위는 함박동의 마을 북쪽 골짜기에 숨어있다. 작은 시냇물이 뭔가 속삭이듯 골짜기에서 졸졸 흘러나온다. 바위의 맞은쪽 언덕에는 일부러 지은 다락처럼 너럭바위가 번듯이 누워있다.

"너럭바위에 올라서서 시냇물 저쪽의 현암(眩岩)을 응시해요, 갑자기 현훈증이 일어납니다. 이름처럼 아찔하도록 현혹케 하는 바위입니다."

얼마 전 바위를 찾았던 반도의 풍수대가는 감탄을 금치 못했다고 한다. 산의 남다른 기운이 즉각 감지된다는 것이다. 이 풍수대가는 용정에 왔다가 이곳을 선후로 두 번이나 찾았다고 한다. 그의 말처럼 현암동은 도인들이 수련을 할 수 있는 좋은 장소였다. 실제로 옛날 이곳에는 사찰이 있었다고 현지인들이 전하고 있었다.

해마다 여름이면 산언덕에는 민들레꽃이 또 향불처럼 다시 피어난다. 그러나 사찰의 종소리는 더는 귓가에 울리지 않는다. 사찰 부근에 있던 현암동도 벌써 10년 전에 소실되었다. 현암동의 이름도 산 너머 세월의 저쪽으로 멀어지는 듯하다. 현암의 아찔할 현(眩)도 솥 귀고리의 현(鉉)이나 시위 현(弦)으로 지방문헌에 각이하게 쓰이고 있는 현 주소이다.

곽장봉에 감쪽같이 사라졌던 장군도 성씨를 바꾸고 있었을까. 백금 북쪽의 용천(涌泉)에서 웬 장군이 다시 샘물처럼 솟아나고 있었다.

———

‖ 함박동의 현암,
이쪽의 검은 바위에 올라서서 현암을 응시하면 이름처럼 현훈증이 일어난다.

天佛이 占指한 산
그리고 天佛과
함께하는 사람들

유병훈(柳炳勛), 남, 조선족. 중국인민해방군 소장.

1933년 음력 8월 연길현(延吉縣, 현 용정시) 용신구(勇新區) 용천툰(涌泉屯) 출생.

1950년 10월 1일 용정연합중학교에서 중국공산당 가입, 11월 인민해방군 입대.

유병훈 장군의 약력은 연변 정부에서 편찬한 문사자료에 짧게 기록되어 있다. 책 『우리 겨레의 장군들』은 그가 학교 시절 유일한 학생 당원으로 입대한 후 군부대의 모 기밀 부문에서 근무했다고 적고 있다. 1989년 7월, 유병훈은 낙양(洛陽) 외국어학원 정치부 주임을 담당했다. 이에 앞서 그는 인민해방군 총참모부 모 국의 정치위원(사단장급)을 역임했다.

낙양 외국어학원의 정식 명칭은 '인민해방군 외국어학원'으로 일종의 군사학교 성격을 띠고 있는데 외국어와 전산 인력을 양성하고 있는 것으로 알려졌다.

장군은 사병(士兵)부터 군관으로 진급하는 계급장마다 남다른 경력을 담고 있다. 장군의 어깨에 박힌 '금별'은 화려한 대하소설을 엮고 있는 것이다. 그러나 유병훈 장군의 이야기는 곽장봉의 곽씨 장군처럼 하나의 미스터리로 전한다.

누군가는 천불지산의 장군과 전설은 호법신의 발현(發顯)이라고 말한다. 동서남북 4방위에서 천불의 산을 수호하고 있는 사천왕(四天王)의 존재를 알리고 있다는 것이다. 사천왕은 불교의 수호신으로 널리 알려진 4명의 천왕이다. 사찰의 천왕문(天王門)에 들어서면 성난 얼굴로 칼과 악기 등을 쥐고 양쪽에 서있는 그 험상궂은 인물이다.

그러나 천불지산의 산지사방에 제일 소문을 놓고 있는 인물은 한의사이다. 그들은 천불지산 일대에 등장한 우레 같은 존재가 되고 있다. 장군이 출현한 용천은 침구술로 말하면 제일 낮은 발바닥의 혈위라고 해석하는 사람도 있다. 그래서 샘물이 용솟음으로 나온다는 것이다. 그의 말처럼 사천왕이 천불지산에서 들고 있던 것은 사실상 혈위를 찌르는 침(鍼)이었던가.

침통(鍼筒)을 흔드는 '무당(巫堂)'

침을 침통에서 꺼내기 전에 먼저 다른 이야기를 해야 할 것 같다. 침을 찌르는 의사가 아니라 지게를 메고 있는 소금장수가 등장하기 때문이다. 음식을 할 때 소금으로 간을 맞추듯 이야기의 맛을 이 소금장수가 내고 있었다.

옛날 소금 지게에는 늘 괴담과 전설이 실려 있었다. 소금처럼 바가지에 담겨 동네방네에 내려졌다. 소금 지게를 메고 소금장수는 해마다 가을 무렵이면 꼭꼭 용신(勇新) 마을을 다녀가고 있었다.

언제인가 사업차로 용신을 찾았던 현지의 은행원 김씨가 이 이야기를 바구니로 두둑이 줍게 되었다. 정말이지 금덩이처럼 아주 기이한 이야기였지만 마을에는 동전처럼 흔하게 널려 있었던 것이다.

소금장수는 워낙 저쪽 동네의 사람이었다고 합니다. 해마다
두만강을 건너 멀리 이 마을을 다녀갔지요. 그때 이곳의 사람

‖ 1954년 연변지역 침구사들이 처음으로 한자리에 모였다.
그때는 연변조선민족자치구라고 했다.

들은 늘 배를 타고 저쪽에 가서 장을 보았습니다. 백금의 사람
들은 아예 저쪽을 오가면서 학교를 다녔다고 합니다.

그때 그 시절 국경은 이웃집 경계의 울바자와 같았다. 호랑이도 늘
두만강을 텀벙텀벙 건넜다. 마을 사람들은 병이 나면 당장 강을 건너
저쪽의 병원을 찾기도 했다. 그런데 소금장수는 강을 넘어 기어이 이
쪽 용신에 살고 있는 이씨 성의 한의사를 찾고 있었다.

이자준(李子俊)은 한때 백금과 용신 인근에 소문이 난 명의이다. 그럴
지라도 소금장수가 이자준의 집 문턱에 꼭 소금 지게를 내려놓아야 할
이유가 있었다.

다들 이자준은 침을 귀신처럼 잘 놓았다고 전하는데요. 그분은 침통을 늘 옆구리에 차고 다녔다고 합니다. 밭일을 하다가도 병자를 만나면 곧장 밭머리에서 병자에게 침을 놓아주었다고 합니다.

잠깐, 그때면 이자준은 가타부타 대답하기에 앞서 해를 쳐다보면서 중얼중얼 혼잣말을 했다. 이걸 어쩌면 좋담? 해가 기울기 전에 어서 밭 기음을 끝내야 하는데… 농부이자 의사인 이자준의 익살스러운 능청이었다. 병자나 병자를 동행한 손님은 무가내로 그의 호미를 빼앗아 대신 밭고랑을 타고 앉는다. 그러면 이자준은 밭머리에 느긋하게 걸터앉아 병자를 진맥하고 침을 놓았다.

이자준이 침을 고르려고 침통을 흔들면 병자는 금세 병을 땅에 떨어뜨린 듯 시름을 놓았다. 마치 무당이 굿마당에서 사방에 방울을 흔들어 소리를 내고 신령을 불러 악귀를 쫓아버린 듯했다.

이자준은 강을 건너 이민을 하기 전에 반도에서 침술(鍼術)을 배웠다고 전한다. 침(鍼)은 우리말로 또 바늘, 가시, 바느질이라는 의미를 갖는다. 침술은 실은 반도에 시원을 두고 있다는 설이 있다. 신석기 시대의 자침(刺鍼) 도구인 폄석(砭石)은 다름 아닌 함경북도 경흥군(慶興郡)의 패총(貝塚)에서 발굴되었다. 폄석은 글자 침(鍼)의 어원으로 돌침을 뜻한다. 고고학적으로 최초의 돌침이 이처럼 반도에서 발견되었듯 침의 시조는 원체 동방에서 출현하였다고 『황제내경(黃帝內徑)』이 기술한다. 『황제내경(黃帝內徑)』은 침구설의 원전(原典)으로 전하는 옛 문헌이다. 이에 따르면 동방의 사람들은 인접한 바다의 물고기를 많이 식용하며 소금을 많이 먹게 되어 혈액이 정체되는 종기 등의 병이 많이 생겼다. 이때 뾰족한 돌의 끝머리로 종기를 째고 피를 빼내 치료하면서 화제의 돌침이 나타났다는 것이다.

　소금장수도 소금을 나르면서 그 무슨 종기가 생겼을지 모른다. 어쨌거나 좀처럼 완치되지 않는 그의 고질병이 되고 있었다. 그런데 소금장수는 이자준의 침을 한두 대 맞으면 금세 거짓말처럼 큰 차도(差度)가 있었다. 귀신이 곡할 노릇으로, 웬 영문인지 차도가 있는 건 단 1년뿐이었다. 해마다 가을 그맘때면 약정이라도 한 듯 병이 도졌다. 그래서 소금장수는 울며 겨자 먹기로 해마다 한 번씩은 용신을 꼭꼭 찾아와야 했다.

　　마침 용신은 김장철의 가을이면 소금을 파는데 적격인 고장이었지요. 조선(족) 사람들이 산기슭에 부채처럼 쫙 펼쳐진 조선(족) 마을입니다. 하하, 마을이 골짜기에 마치 부채처럼 쫙 펼쳐 있다고 해서 항간에서는 또 부채골이라고 전하지요. 골짜기를 만든 산이 세 개 된다고 해서 한때는 삼산평(三山坪)이라고 불렸다고 합니다.

　지방문헌에 기록된 첫 이름은 부채골이나 삼산평이 아니라 조양촌(朝陽村)이었다. 산의 양지바른 남쪽에 위치한다고 해서 지은 이름이었다. 그러다가 동명의 명소인 북쪽의 조양천(朝陽川)에 밀려 결국 용신이라는 옛 이름을 사용하게 되었다. 용신은 선통(宣統) 2년(1910) 연길부(延吉府)에서 따로 나와 화룡현(和龍縣)의 관할에 있던 이 고장의 옛 이름이다.

———

이자준은 용신촌 북쪽의 용천툰(屯, 촌)에서 살고 있었다. 용천툰은 광서 중반에 생긴 마을인데, 샘물이 있다고 해서 지은 이름이다. 마을은 유씨 장군의 출생지로 또 한 번 세간에 이름을 알렸다. 정말이지 산봉우리에서 문득 오간데 없던 곽씨 장군이 실은 이 마을에 샘물처럼 솟구쳐 현신(現身)을 한 걸까. 공교롭게 명의 이자준이 시초에 살던 곳도 바로 곽씨 장군이 가뭇없이 사라졌던 곽장동이었다고 한다.

용신은 강 저쪽 마을과 이쪽 시내의 어디도 더 가깝지 않은 어중간한 위치이다. 강의 남쪽 동네에 가려면 발품을 한나절이나 팔아야 했다. 그렇다고 해서 산 북쪽의 용정 시내에 다녀오려고 해도 여간 힘들지 않았다. 그리고 보면 소금 지게를 마을까지 불러오려고 이자준이 침으로 꼼수를 부렸던 것이다.

> 어느 해인가 사달이 생겼어요. 갑자기 소금장수가 발길을 뚝 끊은 거지요. 그렇다고 이자준이 소금장수의 고질병을 완치한 건 아니었습니다. 남편의 꼼수를 언짢게 지켜보던 아내가 소금장수에게 그 비밀을 알려주고 남몰래 비방을 줬던 거죠. 하하

이쯤에서 이야기가 끝났더라면 그저 시골의 식후 여담으로 치부했을지 모른다. 그 후 이자준은 그의 허가를 받지 않고 함부로 입을 놀린 아내에게 체벌을 주고자 침을 놓았고, 아내는 졸지에 말을 못하는 벙어리가 되었다고 한다. 아내는 이자준에게 고두백배 빌어서야 침을 은사(恩赦)처럼 받아 다시 말문을 열게 되었다. 그때부터 아내는 남편의 일에 일절 간섭을 할 엄두를 내지 못했다고 한다.

이자준은 지난 1960년대 저 세상의 사람으로 되었다. 후대에는 그처럼 의사로 있는 사람이 있지만 침구의 이야기는 그 이상 전승되지 않고 있다. 결국 이자준은 종국적으로 이름 모르는 곽씨 장군처럼 천불지산 기슭의 영원한 전설이 된 것이다.

그러나 침쟁이의 이야기는 이로써 결코 끝나는 게 아니다. 명의의 이야기는 다시 두만강 기슭에서 시작되고 있었다. 이번에는 진맥의 달인이 샘물처럼 또 백금에서 솟아나고 있었다.

그분은 태아가 딸인지 아들인지 미리 알 수 있었는데요, 손가락으로 임산부의 맥만 척 짚어보고 읽은 거지요.

정영숙(鄭英淑)의 말을 빈다면 남편 최필현(崔弼弦)의 손가락은 명실공한 초음파 진단과 엑스레이의 투시 의기를 방불케 했다. 그러나 정영숙이 인터뷰 현장에서 먼저 머리에 떠올린 것은 진맥의 기문(奇聞)이 아니었다. 남편과 함께 천리 저쪽에서 도망하던 울지도 웃지도 못할 이야기였다.

그들이 허겁지겁 도망하던 그 고장은 반도와 이은 두만강이 아니라 북쪽의 오지에 있는 흑룡강성(黑龍江省) 목단강(牡丹江)이었다.

새벽에 있은 천리 저쪽의 탈주

이 이야기는 그 전날 밤부터 시작되고 있었다. 그들은 미리 이삿짐을 정리하였고 남몰래 택시를 예약했다. 이튿날 새벽 다섯 시, 집주인

‖ 농부를 진맥하고 있는 최필현 의사

에게 열쇠를 돌려주기 바삐 택시에 올라탔다.

남쪽으로 길림성(吉林省) 지역에 막 들어서는데 핸드폰이 따르릉하고 급작스레 울렸다. 핸드폰에는 병원 원장의 이름이 떠오르고 있었다.

출근 시간이 지났는데도 특진실(特診室)에는 자물쇠가 걸려
있었지요. 의사가 보이지 않으니 야단법석이 난 거죠.

정영숙은 그날을 다시 되새기면서 입가에 얕은 웃음을 흘렸다. 솔직히 그날은 연길에 들어설 때까지 마음 놓고 웃을 수 없었다. 이런저런 이유로 목단강을 떠나지 못해 목단강의 귀신이 될까 가슴을 졸였다고 한다.

사실상 자물쇠는 한 달 전 특진실에 걸려야 했다. 최필현과 병원의 계약은 단 1995년 한 해뿐이었다. 최필현의 특진실이 문전성시를 이

루자 병원에서 욕심을 부렸던 것이다. 차일피일 계약 해지의 마감 시일을 미뤘다. 이 핑계 저 핑계를 대면서 그의 발을 묶어놓고 있었다. 최필현은 기어이 병원을 떠나려고 했지만, 그렇다고 해서 대우 때문에 그런 건 절대 아니었다. 이때 그의 월별 임금만 해도 인민폐 1만 원을 넘고 있었다. 그즈음 대학교수의 월별 임금이 고작 1천 원 정도였고 돼지고기 한 근의 가격은 기껏해야 1원 80전 정도이었다.

정영숙은 인터뷰에서 그들이 귀향을 고집한 비밀을 밝혔다.

> 자나 깨나 고향이 그리웠지요. 혈육을 연길에 두고 왔는데요. 웬만하면 계약을 마치는 대로 집으로 어서 돌아가고 싶었습니다.

그때 최필현은 아내를 데리고 목단강의 모 병원에서 초빙 의사로 있었다. 대륙 북단의 흑룡강성에는 1860년대부터 조선인이 이주, 목단강 주변에 벼농사 재배가 성공하면서 많은 조선인들이 유입되었다. 목단강을 따라 벼농사가 이뤄지면서 조선인 집거지가 대량 형성되었다.

> 연변에서 용한(대단한) 조선(족) 의사가 왔다고 하니까 병을 보러 오는 조선(족) 사람들이 특별히 많았습니다. 어떤(일부) 환자는 소문을 듣고 연길에서 내처 목단강까지 뒤쫓아 왔지요.

최필현은 원래 연길에서 개인병원을 꾸렸다. 그때 연길의 개인병원에도 병자들로 인해 문턱에 불이 날 지경이었다고 정영숙이 손짓과 발짓으로 비유를 했다. 새벽부터 병자가 문밖에 길게 줄을 서고 있었다.

최필현은 차마 병실을 비울 수 없어서 자주 끼니를 에워야 했다.

이때 에피소드가 하나 있었다. 잠깐 소피를 보고오던 최필현은 웬 할머니에게 발길을 멈췄다. 품위 있는 차림새였는데도 웬일인지 그대로 퍼더버리고 앉아 있었다. 다른 병자에게 양해를 구하고 할머니부터 진맥을 했다. 한국인이었다. 그냥 지병(持病)으로 고생하다가 연변에 왔던 걸음에 지인의 소개로 최필현을 찾아왔던 것이다. 훗날 그녀는 비방을 받아 끝내 병이 나았고 기뻐하면서 최필현에게 한국 초청장을 보내왔다.

최필현은 한국에서 진맥 등 중의학 강의를 했다. 이에 앞서 그는 연변에서도 오랫동안 중의학 강의를 했었다. 오전에는 병원에서 병을 치료했고 오후에는 대학에 가서 강의를 했다. 그는 의학원과 위생간부학교의 특별초청 강사였다. 최필현의 강의는 연변이나 서울에서 모두 큰 환영을 받았다.

> 한국에서 감사패를 네 개 받았지요. 그분들은 영주권 수속을 해주겠으니 한국에 남아달라고 여러 번이나 말했습니다. 그런데 남편이 딱 잡아뗐어요. 중국 정부의 혜택으로 의사 공부를 했는데, 어떻게 한국이 잘 산다고 한국에 이민(귀화)하는가 하고 그냥 도리머리를 했습니다.

미국에 와서 병원을 차릴 것을 권장하는 미국인도 있었다. 이 미국인은 훗날 목단강의 특진실에도 얼굴을 내밀었다. 그는 처음에는 병을 고치려고 지인에게 최필현을 소개받아 연길에 왔다. 정연숙은 그가 아예 윗도리를 벗어던지고 진찰을 받던 인상이 깊었다고 한다. 발

병 원인이며 처방전을 내는 이유 등을 꼬치꼬치 묻고 기록했다. 최필현의 의술에 감복한 미국인은 나중에 최필현의 뒤를 따라 목단강행을 했던 것이다. 이때 그는 최필현의 병자에서부터 팬, 제자, 친구가 되고 있었다.

한국의 의대생 몇몇도 방학이면 최필현을 쫓아 목단강을 다녀갔다. 미구에 현지의 군 의사도 늘 특진실에 발을 들여놓았다.

남편의 제자로 있는 의사가 참 많습니다. 이 가운데서 유명한 의사가 여럿이나 됩니다. 흑룡강성 계서(鷄西)의 이씨, 연변 연길의 전씨, 용정의 오씨 등등 이름만 외워도 현지에 잘 알려 있는 모모한 의사들이지요.

연기(緣起), 이것이 있음으로 하여 이것이 있다.

그가 만나는 사람마다 처방전의 이야기가 오가고 그가 이르는 곳마다 약초의 향기가 따르고 있었다. 약의 책이 펼쳐지고 약의 산이 내려오고 있었으며 책과 산을 따라 사람이 나타나고 있었다.

최필현이 슬하에 두고 있는 오누이도 종국적으로 약과 처방과 떨어질 수 없는 깊은 인연을 맺었다.

딸은 간호장(看護長, 수간호사)으로 있고 아들은 약제사로 있어요. 또 사위는 장인의 명맥을 계승하여 한의사로 있습니다. 아, 그리고 외손자도 외할아버지의 뒤를 잇고 있는데요, 지금은 섬서성(陝西省)에서 중의약 대학을 다니고 있지요.

최필현이 시초에 닦은 의학공부는 중의학이 아니었다. 서의(西醫)이었다. 대학을 다니다가 급성 기관지염에 걸렸는데, 의사를 만나 서약을 며칠이나 복용했지만 좀처럼 약효가 없었다. 그런데 중의학과의 한의사를 만나 초약을 복용, 세 첩의 약제로 삼일 만에 병이 완쾌되었다. 그때부터 중의약에 흥미를 갖고 연구를 시작, 미구에 연변 중의학계의 큰 별로 떠오른 것이다.

정영숙은 대학 시절 급병을 앓는 최필현을 각근히 보살폈던 여인이다. 아이러니하게도 최필현이 서의에서 한의의 고수로 '탈주'하게 된 것도 병이요, 총각에서 결혼으로 '탈주'하게 된 것도 병이다.

> 병으로 시작한 이야기 같은데요, 병을 치료하던 이야기를
> 하려면 정말 끝이 없을 것 같습니다. 그분에게는 병 이야기뿐
> 입니다.

최필현의 이야기도 실은 병으로 끝나고 있었다. 그는 2002년 회갑 나이를 앞두고 암으로 사망했다. 그의 많은 이야기는 거개 지인의 추억으로만 전하고 있다. 지인들이 머리에 떠올리는 이야기는 그동안 최필현이 보관한 책처럼 포대를 가득가득 채우고 있었다. 한쪽 벽을 덮은 이 40개의 포대는 명의를 등신(等身)의 높이로 쌓아올리고 있었다.

사위 신씨(申氏)가 유난히 기억하고 있는 것 역시 책을 읽고 있는 장인이었다.

> 그분은 잠자리에 누워서도 책을 손에서 놓지 않고 있었는데
> 요, 짬만 나면 고금의 의학서를 탐독했습니다. 나중에 그분은
> 경험 비방을 정리해서 「최씨의 임상경험 처방(崔氏臨證篇)」을
> 남기셨습니다.

40개 포대의 책 그리고 40리의 도보

주인이 손에서 놓지 않았다는 책을 포대에 담고 있었다니 뭔가 이상하다. 실은 그때 집에 뜻하지 않던 화재가 일어났던 것이다. 책들은 하마터면 잿더미로 몽땅 불에 날아갈 뻔했다. 아니, 물에 잠겨 물귀신이 되어버릴 뻔했다. 포대에 담긴 책의 에피소드이다.

그즈음 최필현은 연변 중의연수학교에서 교원으로 있었다. 더구나 책과 한시도 떨어질 수 없었다. 기왕 말이 났으니 망정이니 최필현은 또 연길시 중의원에서 한의사로 거의 10년을 있었고 와중에 장춘의 중의학원 교학병원 교수가 되었다.

남편의 목숨 같은 책이었지요. 남편은 책을 손에 놓으면 가슴이 텅 비는 것 같다고 늘 말씀하셨습니다. 보조금을 받아 공부하면서도 저 책이다 하면 호주머니를 털어서라도 기어이 그 책을 샀답니다.

집의 벽은 책장이 차지하고 있었다. 의학 서적이 3천여 권이나 되었다. 와중에는 보기 드문 고서도 여러 권이나 되었다. 필사본도 100여권 되었다. 호주머니의 사정 때문에 차마 살 수 없는 책이라면 며칠이고 손작업으로 베껴냈던 것이다.

불이 나서 연기에 그을렸고 물이 흘러 젖어서 부풀었다. 최필현은 아내와 함께 책을 하나하나 그늘에 널어 말리고 돌로 눌렀다. 책은 최필현의 삶 그 자체였다.

책 이야기가 나오니 뒤미처 공부 이야기가 따라나선다.

‖ 최필현이 애용했던 옛 침통과 침, 현재 침구사는 1회용 침만 사용 가능하다.

소학교를 졸업하는데 경제난 때문에 책을 내려놓아야 할 처지였답니다. 담임교원이 직접 찾아와서 큰 수재이니 어렵더라도 공부를 시키라고 부탁을 하더랍니다. 소학교 때 대대장을 했었는데, 공부를 특별히 잘했답니다. 큰 어머니를 따라 용정에 왔어요, 큰 어머니는 별다른 장사를 벌 일 수 없어서 빙궈(氷菓, 얼음과자)를 팔았다고 합니다.

최필현은 백모의 손에서 자랐다. 부친은 일찍 세상을 떴고 모친은 재가를 했다. 백모는 조카를 데리고 용정 시내에 와서 단칸방에 셋집을 잡았다. 손에 닥치는 대로 일감을 잡아 조카의 공부 뒷바라지를 했다.

백모의 도움으로 최필현은 끝내 중학교 공부를 마쳤다. 연변의학원을 차석으로 입학했다. 특별히 의학대학을 선정한 이유가 있었다. 조부가 불구였고 백부와 부친이 젊은 나이에 졸사하였으며 그 역시 몸이 아주 허약했다. 그가 50대의 젊은 나이에 졸사한 원인도 여기에 있지 않을지 한다.

> 대학교에서 보조금을 받았는데요, 달마다 단돈 18원이었다고 해요. 한 달 식비를 내면 동전 몇 개의 50전만 남아요. 휴일이나 방학에 집으로 올 때면 그 돈을 남기느라고 줄곧 용정까지 걸어왔다고 합니다.

연변의학원은 연길(延吉) 시내의 북쪽에 위치한다. 연길 시내를 가로질러 부르하통강(布爾哈通河)을 지나고 남쪽의 모아산(帽兒山)을 넘어 해란강(海蘭江)을 건넌 후 용정 시내에 들어간다.

굴곡적인 길처럼 최필현이 걸은 길도 약간 굽이돌이를 지나고 있었다. 졸업 무렵인 1968년 최필현은 시내에 있는 방역소(防疫站)에 배치를 받았다. 일하고 먹고사는 게 편한 공무원의 일터였다. 그러나 지금껏 오매불망 바라고 달려온 그 길은 정녕 아니었다.

이때 최필현은 팔도(八道) 중심보건원(衛生院)에 신청하여 선정됐다. 팔도는 연길 시내에서 서북쪽으로 20여 리 떨어진 시골마을이다. 말이 시골마을이지 한때는 연길 시가지 못지않게 흥성거리던 고장이다. 왕청으로 들어가는 길목에 위치한 데다가 부근에 금광이 있어서 언제나 사람들이 붐비었다고 한다.

어찌됐거나 최필현은 늘 행복했다. 제일 하고 싶은 일을 마음껏 할 수 있었기 때문이다. 그는 가족을 데리고 내처 10년 세월을 벽지의 팔도에서 보냈다. 이 10년은 또 그를 명의로 거듭나게 한 황금 세월이었다.

> 향 병원에는 그 무슨 전문과가 없었습니다. 그래서 무슨 병자를 만나면 무슨 병을 치료해야 했어요. 처방이나 침으로 병자에게 효과가 없으면 집에 와서 의학 저서를 찾아보았습니다. 밤을 패면서 병의 원인을 찾고 책을 읽었습니다.

그때 그 시절은 '문화대혁명(1966~1976)' 운동의 후반이었다. 유명한 의사들이 연변 오지의 팔도에 많이 모여들었다. 국경 도시 도문(圖們)의 중의원 원장으로 있던 최영(崔英)도 이때 오류분자(五類分子)가 되어 팔도에 '정배살이'를 하고 있었다. 오류분자는 '문화대혁명(1966~1976)' 시기의 정치신분을 말하는데, 지주와 부농, 반혁명분자, 나쁜 분자, 우파를 이른다. '문화대혁명' 시기 제일 먼저 박해를 받은 사람들이었다.

최영은 도문 100리 안팎에서 유명한 명의였다. 임산부의 맥을 짚어보고 태아에게 달린 혹을 미리 읽은 '신의(神醫)'로 알려지고 있었다. 그러나 이때는 오류분자라고 해서 병을 볼 수 없었다. 최필현은 낮에는 병원에서 병을 보고 저녁에는 그에게 달려가 진맥과 침술, 처방을 배웠다.

최필현은 또 명의 이용희(李勇熙), 김인묵(金仁默) 등 연변 지역에서 소문난 명의들을 찾아다니며 의학 공부를 계속했다. '문화대혁명'이 끝나면서 명의가 원래의 고장으로 속속 복귀하자 최필현은 한동안 허전함을 금치 못했다. 주변에는 그에게 의학과 의술(醫術)을 담론할 사람이 더는 없었던 것이다.

이때 최필현은 수제자 오씨(吳氏)에게 명구 하나를 남긴다. 오씨는

‖ 최필현의 가족 일동, 아들과 딸, 사위, 외손자는 모두 의학부문에 종사하고 있다.

팔도 태생으로서 일찍부터 그를 스승으로 모시고 의학공부를 하고 있었다. 옛날에 조실부모했던 그의 아픈 경력을 오씨를 만나 다시 눈앞에 떠올렸을까, 최필현은 어린 나이에 부친을 잃은 오씨를 가슴에 꼭 껴안았다. 오씨에게 책 '의약명사'와 '경험방(經驗處方)'을 주면서 수련을 거듭 부탁했다.

> 풀과 나무가 연단(練丹)을 거쳐야 약으로 완성되는 것과 꼭 마찬가지요. 침과 약으로 병을 치료하는 사람도 공부하고 수련하는 과정을 거쳐야 비로소 의사로 될 수 있는 거요.

이처럼 최필현이 바로 새내기의 의사로부터 유명한 명의로 거듭났던 것이다. 그는 종당에는 팔도중심보건원의 원장으로 등극했다.

깊은 산속에 10년을 지핀 연단(煉丹)은 마침내 금단(金丹)을 조제하고 있었다. 최필현은 그가 만든 난이병 치료의 비방을 세상에 내놓았다. 많은 치료 임상에서 약효가 증명된 비방이었다. 간과 담, 위장의 병 질환을 치료하는데 남다른 효과가 있었고 또 뇌성마비의 후유증을 완화, 해결하는데 독특한 비법이 있었다.

> 뇌성마비는 병을 치른 후 신경 근육의 조절이 제대도 되지 않는데요, 흥분하거나 하면 증상이 더 심합니다. 그런데 이 비법으로 치료한 후 병자는 걸음걸이가 뚜렷하게 나아지고 또 말도 또렷하게 할 수 있게 되었지요.

언제인가 제약회사가 거금을 내고 비방을 사겠다고 특별히 주문을 했다. 이런 비방은 훗날 모두 최필현의 제자들에게 전달되었다.

이런 제자들은 물론이요, 종종 낯선 사람들이 정영숙에게 인사를 하고 있었다. 알고 보면 예전에 치료를 받았던 병자들이나 의학을 전수받았던 학생들이 감사했다고 그녀에게 예의를 표하는 것이었다.

> 인상이라곤 없는 분들에게 인사를 받고 문득문득 놀라요. 그때는 병자도 그렇지만 제자나 학생이 너무 많았거든요. 누가 누구였는지 기억이 잘 안 나요. 지금도 인사를 많이 받아요. 다 남편을 대신하여 제가 받는 인사지요.

드디어 사람은 산에서 멀어지고 있었다. 또 마을에서 사라지고 있었다. 그러나 그들은 여전히 나무처럼 풀처럼 기억에 뿌리를 내리고 또 전설처럼 살아서 열매를 맺고 있었다.

천불지산의 네 번째 이야기

음양 삼침(三鍼)의
창으로 뚫는
'마법의 성'

점쟁이와 침술사 그리고 국왕

옛날에는 김인상(金仁象)이 하는 일을 두고 사람들은 복술(卜術)을 벌인다고 했다. 복술은 함경도 방언으로 무당(巫堂)처럼 점을 쳐서 인간의 운명을 예언하는 것을 말한다. 사실상 김인상은 복술보다 침의(鍼醫) 즉 침쟁이로 소문이 났었다고 한다. 그때부터 김씨 가문의 '음양 삼침술(三針術)'은 장장 200년 동안 전승되었던 것이다.

김인상의 제6대손 김홍선이 전하는 가족의 구전 이야기이다.

"우리 현조(玄祖) 할아버지는 말입니다. 함경북도의 명천과 길주 지역에서 침술로 용한(대단한) 분이셨다고 하는데요."

그렇다고 해서 복술을 벌인 걸로 항간에 비쳐졌다고 하는 건 이상하지 않았다. 어찌 보면 시술은 마치 침을 놓는 듯 또 복술을 하는 듯했던 것이다. 김인상은 병근(病根)을 족집게처럼 짚었고 칼침처럼 부위를 찔러 병통을 없앴다고 한다. 병근을 짚어서 말할 때는 마치 복술을 하는 것 같았고 몸에 칼침을 찌를 때는 흡사 무구(巫具)의 방울을 흔드는 듯했다. 그야말로 병통을 없애고자 굿판을 벌이는 무당을 방불케 하고 있었다.

실제로 일명 복술이라고 하는 점술학은 일찍 조선인 문화의 한 형태로 자리를 잡았다. 오늘날 강을 건너 대륙에 살고 있는 조선족에게도 많이 파급되고 있다.

"점술과 의술에는 상극이 없는데요, 옛날에는 의학이라고 하면 점술과 마법의 의술이었지요."

현실을 대상으로 삶의 행복을 추구한다는 데서 병을 치료하는 의술과 점술은 궤를 같이한다는 것이다. 가문에 전해지고 있듯 그때 그 시절 침쟁이 김인상이 점술에 도통했다는 것도 십분 가능하다는 이야기이다.

어찌되었거나 전주 김씨의 시조는 침쟁이가 아니었다. 점을 치는 무당은 더구나 아니었다. 이보다 앞서 시조 김부(金傅)는 대단한 인물이었다. 한 나라의 국왕이었다. 신라 56대의 마지막 왕 경순왕(敬順王)이었다. 기어이 김씨 가문의 삼침술과 왕실의 접점을 찾자면 옛날에는 침술과 점술이 국왕을 위한 왕실의 전유물이었다는 것이다. 그러나 침술이든 점술이든 모두 김씨 왕실의 쇠망(衰亡)은 막을 수 없었다. 935년, 김부는 고려에 귀부(歸附)한 후 고려의 문신으로 살다가 978년에 생을 마쳤다.

그로부터 천년 후 김인상에게 나타난 침구 비방과 점술은 미스터리한 일이다. 김씨네 가족에 전승되던 옛 의서와 기록물, 사진 등의 실물은 극좌운동인 '문화대혁명(1966~1976) 시기 상당 부분 소각되었거나 분실되었기 때문이다.

제4대 전승인 김장욱(金長郁)은 일찍이 1915년경 두만강을 건넜다. 식솔을 데리고 온 가족이 이민을 했다. 그러나 더 좋은 삶을 찾아 떠난 이민자의 행보는 아니었다. 일제 치하에 있는 망국의 반도를 해탈하려는 것도 아니었다.

김장욱의 이민 동기는 남달리 단순했다. 김홍선의 말이다. "할아버지는 의술을 닦는데 열중한 분이셨는데요, 중국에 와서 중의학을 배우고 싶었다고 합니다."

분명히 이 무렵 도강한 이민자들의 행렬에서 멀리 벗어난 이단(異端)이었다. 그래서 일부 사람들은 김씨 가문의 '음양 삼침술'이 김장욱의 세대에 와서 문득 끊어진 게 아닌가 하고 의심하기도 한다. 그게 아니라면 굳이 두만강을 넘어 이역 땅을 밟을 이유가 없다는 것이다. 사실상 김씨 가문의 침술 비방(秘方)과 비술(秘術)은 100년을 지나 김장욱이 계속 바통을 이어받고 있었다. 김장욱 역시 젊은 나이에 벌써 조부나 증조부처럼 '용한 침쟁이'로 고향 명천 일대에서 이름을 날렸다. 그러나 그는 한의학만 배워서는 침술을 도의 경지로 높이 올리는 데는 부족하다고 생각하고 있었다.

"침술도 수련과 마찬가지로 수행해야 합니다. 죽을 때까지 배우고 닦아야 하는 거죠."

김장욱의 손자 김홍선의 말이다. 그에게 현시(顯示)되고 있는 자오(子午) 침구는 바로 할아버지가 그토록 배우고 싶었던 중국의 유명 의술이다. 이때의 자오는 시간 변화를 이르는 말이다. 이 침구는 음양오행과 배합하고 천간(天干)과 지지(地支)를 운용, 경기(經氣)의 흐름과 멈춤, 성쇠(盛衰), 여닫음을 계산하여 제때에 침혈을 얻는다. 시간의 각도에서 인체의 생명현상을 인식하고 전문 인체의 5장 6부와 경맥의 기혈 추이를 연구하는 것이다. 자오 침구는 병의 상황에 근거하여 침혈(針穴)을 열어서 치료의 효과를 극대화한다.

천년 역사의 중의 학술은 또 다른 침구법의 기이함과 오묘함으로 반도의 침술사를 대륙으로 매혹하고 있었다. 궁극적으로 자오 침구는 반도에서 생긴 '음양 삼침술'의 침술 기법을 훨씬 더 완벽하게 만들었다.

이때 누군가는 또 김장욱의 이민 행각에 다른 동기를 덧붙이기도 한다.

"소음인(少陰人)은 내성적 경향이 심한데요, 작은 일과 실수에도 민감하게 반응하는 완벽주의자이지요."

김장욱은 소음인이기 때문에 체질적으로도 침술 공부에 집착할 수 있었다는 것. 소음인은 사상의학(四象醫學)에서 분류한 네 체질의 하나이다. 사상의학은 조선의 이제마(李濟馬, 1837~1900)가 창시했다. 사상(四象)은 태양(太陽), 태음(太陰人), 소양(少陽), 소음(少陰)을 의미한다. 이제마는 이 사상을 체질 분류에 적용하여 사람을 태양인과 태음인, 소양인, 소음인으로 구분했다. 똑같은 질병이라도 체질에 따라서 약과 음식을 달리 처방해야 한다는 것이다.

이제마는 한의(韓醫) 학자이었지만 『주역(周易)』에 통독했고 복서(卜筮)에 밝았다. 사상은 바로 『주역』에서 나오는 말이다. 이제마는 따로 스승을 두어 의학을 공부하지 않았다고 한다. 『주역』 등 고서를 읽고 여행을 통해 찾아다닌 인물들을 통해 의학지식을 쌓았다. 그는 젊은 시절에 반도와 만주 일대를 두루 다니면서 인물을 만나고 견문을 넓혔

‖ 김씨네 음양 삼침술을 전승한 제4대 김장욱과 제5대 김봉구

다. 뒤늦게 무과에 등용되었다가 60세에 관직을 사직하고 의술에 전
념, 사상의학을 창시하고 『동의수세보원(東醫壽世保元)』을 지어 후대에
전했던 것이다.

인간은 체질에 따라 내부 장기의 기능, 마음의 욕심, 타고난 성형과
재주, 몸의 형태와 기운, 얼굴의 모양 등이 서로 다르며 삶을 살기 위
한 조건도 각각 다르다. 이에 따라 건강궁합이 있고 음식궁합이 있으
며 나아가서 직업궁합이 있게 된다.

사상의학을 정통하고 있는 김장욱도 병자에게 먼저 복술을 하고 있
었다. 병자의 '점'을 치고, '점괘'에 나온 대로 각자에게 따로따로 비방

을 쓰고 있었던 것이다. 시조 김인상을 따라다닌 옛날의 복술 이야기는 야담으로 들을 수 없었다. 비록 김인상의 앞선 시대에는 아직 사상의학이 출현하지 않았지만, 사상의학의 사상(思想)은 벌써 침술사의 침통(鍼筒)에 들어있었다. 김인상이 정말로 복술을 했다면 그는 점을 치듯 관상을 보고 대뜸 환자의 병근을 판단했으리라.

"관상을 의술에서는 찰색(察色)이라고 하는데요, 현조 할아버지는 귀신 같이 진단을 했다고 전합니다. 무엇보다 진단 때문에 대단하다고 소문이 난 거지요"

실제로 제6대 전승인 김홍선도 사람을 만나자 곧바로 '복술'을 하고 있었다. 이날 식당 좌석에 들어서는 유씨 성의 처녀를 얼핏 보더니 뭐라고 연신 '점'을 쳤다. 유씨는 지도력이 있고 능력이 좋은 편이지만 타협을 싫어해서 고립되는 경우가 많을 것이라고 한다.

"소화가 약하고 간 기능이 좋지 않을 거야. 알레르기나 비염 같은 게 올 수도 있어."

"점쟁이예요?" 하고 유씨는 깜짝 놀란다. 그 자리는 실은 동석한 팔괘 점술사와 미리 만남이 약속된 자리였던 것이다. 그런데 의사와 점술사의 자리가 잠깐 바뀌고 있었다. 나중에야 김홍선은 '점괘'를 내린 영문을 밝혔다.

"이 처녀애는 제가 그동안 쉽게 만나지 못했던 타입인데요, 사상의학적으로 말하면 여자 태양인이거든요."

태양인은 전체 인구에서 약 5% 정도밖에 없는 귀한 체질이다. 김홍선의 부친 김봉구(金鳳九)도 태양인이었다. 그는 세상에 눈을 뜨던 열세 살 때부터 김장욱을 따라 천자문을 외우면서 의학공부를 시작했다고 한다.

백년의 전승은 백년의 고독을 잇고 있었다. 김봉구는 20대의 젊은 나이에 부친 김장욱처럼 고향을 떠난다. 이번에는 바다를 건너 대륙의 저쪽으로 갔다. 일본 오사카의 의학전문학교를 반공반독으로 다녔다. 미구에 김봉구는 만주 지역에서 처음으로 한의와 서의를 겸비한 의사로 거듭났다.

'음양 삼침술'의 가문에는 또 하나의 김씨 '국왕'이 출범하고 있었다.

아흔아홉의 골목과 아흔아홉의 사람들

한의학과 중의학, 동의학과 서의학은 마침내 하나의 '성'에서 만나고 있었다. 동양의 음양오행과 풍수설의 문화는 복음을 앞세운 서양의 복의(福醫) 문화와 물처럼 한데 어울리고 있었다.

'음양 삼침술'의 '마법의 성'에는 동서양의 천지인(天地人)이 함께 숨을 쉬고 있었다.

"부친은 가문의 전승에만 그치고 싶지 않으신 거지요. 새로운 의술인 서의를 배우고자 하셨습니다. 그때 한의와 서양 의학을 결합한다는 건 정말 대단한 혁명이었습니다."

김봉구는 귀국한 후 흑룡강성(黑龍江省) 목단강(牡丹江) 일대에서 의사로 있었다. 동서양을 자유롭게 넘나드는 특이한 의술은 주변 사람들을 경탄케 했다.

1945년, 8.15 광복에 즈음하여 전쟁의 암운이 북쪽에서 밀려오고 있었다. 김봉구는 급급히 부모형제가 살고 있는 용정으로 이삿짐을 꾸렸다. 그동안 의술로 모은 사재를 털어 중심가의 호화 저택을 골라 샀다. 이 저택은 예전에 간도 일본총영사관의 어느 간부가 살던 관사(官舍)였다고 한다.

이윽고 대륙에는 토지개혁 운동이 벌어지고 '반혁명진압 운동(鎭反運動)'이 일어났다. 반부패 숙청운동이었던 '삼반·오반 운동(三反·五反運動)'이 전개되었고 계급대오를 청리하는 운동이 확산되었다. 김홍선은 이런 운동이 한창이던 1952년 8월에 김봉구의 외동아들로 태어났다. 그의 어린 기억은 관사가 있던 붉은 담의 동쪽 귀퉁이에서 시작되고 있었다. 태양처럼 붉은 담은 간도일본총영사관을 철망처럼 쭉 사방으로 두르고 있었다.

"집에 집무실과 화식실(火食室)이 있었는데요, 수세식 화장실도 놓여 있었습니다."

관사는 그때 벌써 우물을 긷지 않고 실내의 수돗물을 쓰고 있었다. 1950년대 용정 시가지에서 한 손에 꼽히는 사옥(舍屋)이었다. 관사의 북쪽 '영국더기'에서 시냇물이 흘러나와 마당 앞을 지나고 있었고 시냇물 기슭에는 버드나무와 비술나무가 자라고 있었다. '영국더기'는 지난 세기 초 노랑머리의 외국인 선교사가 살고 있던 조계지라고 해서 불린 이름이다.

"저의 출생지를 말하면 다들 거짓말이라고 해요. 더구나 이 관사는 몇십 년 전에 층집을 지으면서 철거되었거든요. 마당의 시냇물도 없어진 지 오랍니다."

실제 이곳은 1870년대만 해도 황량한 무인지대였다고 한다. 첫 이

‖ 용정 지명을 만든 용두레우물, 옛날 이 우물을 둘러싸고 아흔아홉 골목이 있었다고 전한다.

주민은 중국인들이었다. 그들이 육도하(六道河) 양안에 밭농사를 지으면서 이 동네를 육도구라고 불렀다. 그 후 맨 처음 이주한 조선인은 장씨와 박씨의 농부였다. 그들이 근처에서 옛 우물을 발견하면서 '용두레 우물'이 출현, 나중에 이 우물가에 형성된 마을은 '용정촌(龍井村)'이라고 불린다. 용정은 조선인들이 회령과 무산으로부터 연길, 왕청 일대로 들어오는 교통 요충지이었다. 간도에 이주한 조선인들의 문화와 교류의 중심지로 거듭날 수 있었던 원인이었다. 그러나 1907년까지 용정촌의 인구는 조선족 96세대, 중국인 5세대, 도합 400여 명밖에 되지 않았다고 한다. 1907년 일본이 용정에 군경을 파견, 뒤이어 '조선통감부 간도파출소'를 세웠다. 또 1909년 간도 일본총영사관과 경찰부를 설치하고 통상구역을 확정하는 등 일본 세력을 확대했다. 청나라 정부는 이에 대처하기 위해 중국인들의 이주를 장려했다. 동네가 번창했고 골목이 겨끔내기로 늘어났다. 큰 골목이 작은 골목을 낳고 작은 골목이 또 새끼를 쳤다. 시골마을이었던 용정촌은 어느덧 자그마한 도시로 성장하였다. 이때 거미줄처럼 가로세로 뻗은 용정의 골목을 일명 '아흔아홉 골목'이라고 불렀다고 한다.

용정의 어느 골목에 김장욱은 사립 한의원을 개설, 운영했다. 대중을 구제하는 병원이라는 의미의 중제의원(衆濟醫院)이라고 이름을 짓고 있었다. 김장욱은 일본이 패망하던 1945년 그 무렵에야 비로소 용정 시가지로 나왔다. 두만강을 건넌 후 그는 오랫동안 심산의 시골에 칩거했었다. 그곳은 식솔을 데리고 맨 처음 행장을 풀었던 천불지산 기슭의 마을이었다. 김장욱은 1915년 4월 연길현(延吉縣) 제8구 용천촌(涌泉村)에서 중의를 배웠다고 연변의 의학총서 『조선족의학발전사』가

‖ 용정의 간도 일본총영사관 유적,
김씨 가문은 담 동북쪽의 시냇물가의 옛 관사에서 살았다.

기록한다.

'발 없는 말이 천리 간다.' 용천에서 장장 30년을 갈고닦은 김장욱의 의술은 강을 건너고 산을 넘고 있었다. 결국 마을을 떠나 시가지로 짐을 싸고 시내의 골목에 한의원을 차리게 되었던 것이다.

그러고 보면 용천은 마을의 이름처럼 명물이 샘물처럼 솟아나는 고장이 아닐지 한다. 뒷이야기이지만, 공화국 창건 후 용천 출신의 김씨 장군이 어깨에 금별을 달고 나타난다. 침술사 이자준(李子俊)도 의술로 용천과 백금 일대에 이름을 날린다. 다만 침통을 허리에 차고 다니던 낭중(郎中)의 그 행각이 문자에 기록되지 않고 있을 따름이다. 한 마을에 살았던 김장욱과 형, 동생 하는 각근한 사이였다고 김홍선이 이자

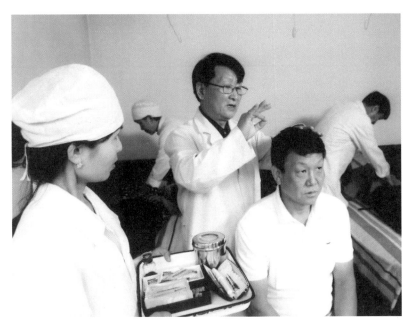

‖ 가문의 비술인 음양 삼침술을 시술하고 있는 제6대 전승인 김홍선(가운데 사람)

준을 회억하고 있었다. 그러나 침술에 들어가서는 김장욱을 동향 친
구 이상의 스승으로 모셨다고 한다.

또 하나의 비밀이 있었다. 명천은 강 이쪽의 천불지산 기슭에 '성'을
세우고 있었다.

김홍선은 인터뷰 도중 이를 밝혔다. "우리 용천은요, 명천 사람들만
살던 곳이라고 하는데요. 다들 저쪽에서 올 때부터 동향인 셈이었지요."

김봉구도 용정에 도착한 후 특별히 김씨의 '성'을 만들었다. 곧바로
그의 진료소를 개설했다. 붉은 담 귀퉁이의 사옥에 '김봉구 진료소'라
는 간판이 붙여졌다.

김장욱의 병원이든 김봉구의 진료소이든 아침저녁으로 병자들이 줄을 이었다. 아흔아홉 골목의 아흔아홉 사람이 다 모여들고 있는 듯했다. 하긴 김씨 부자는 모두 용정에 명의로 이름이 자자했다. 김장욱은 비술과 비방을 갖고 있는 한의사였고, 아들 김봉구는 한의와 서의를 한 몸에 아우른 유학파의 신의(新醫)였다.

'김봉구 진료소'는 날마다 지전을 밀가루 포대에 담을 정도였다. 그때의 5만 위안은 현재의 5위안에 해당한다. 그래도 두둑한 무더기를 이룬 지전은 결코 적은 액수는 아니었다.

김장욱도 마을의 조선인학교에 기부를 하는 등 돈주머니가 두둑했다. 큰 아들이 농부였지만 지주처럼 청산을 맞은 것은 병원을 세운 몇 년 후 곧바로 생긴 일이다.

김봉구도 부득불 사옥을 집체에 내놓고 붉은 담을 떠났다. 네 살배기 김홍선이 마당을 막 뛰어다니던 1956년이었다. 이때 공화국 건국 초기의 4대 운동이 끝나자 공사(公私)합영의 붐이 전국을 휩쓸고 있었다. 김봉구는 용정시 국영 병원의 의사로 들어갔다. 이 병원이 바로 용정시 중의원의 전신이다. 김봉구는 나중에 이 병원의 기술원장으로 있었다. 사립병원을 접은 김장욱도 시내에서 둘째 아들 김봉구와 합가했다. 김씨 삼대 가족은 오랜만에 다시 한 지붕을 머리에 이고 살게 되었다.

그러나 더는 호화 사옥이 아니었다. 다시 시골의 옛 초가로 돌아가는 듯했다. 이 작은 초가는 또 이름 없는 간이 병원으로 탈바꿈하고 있었다. 이름도 얼굴도 모를 병자들이 꾸역꾸역 몰려와 한 구들을 가득 채웠다.

그 후 50년이 지났으나 색 바랜 짚 이엉과 짚처럼 엉성한 얼굴의 병자들은 초가처럼 김홍선의 어린 기억을 슬프게 만들고 있었다.

그러나 허름한 초가는 병자가 찾아올망정 늘 웃음소리가 그치지 않았다. 마당에 불쑥불쑥 나타나던 즐거운 얼굴들은 그때마다 어제의 슬픈 기억을 지우고 있었다. 며칠 전 수레에 실려서 왔던 병자가 두발로 씽씽 걸어오고 있었다. 닭 모가지를 손에 잡은 나그네가 있었고 떡 대야를 머리에 멘 아줌마가 있었다. 백발의 조부는 은침으로 마법을 깨뜨리고 하나 또 하나의 기적을 만들고 있었다.

김홍선도 조부처럼 기적의 주인이 되고 싶었다. 병마(病魔)가 도사리고 있는 '마법의 성'은 김씨 가문에 전승되는 침의 '창'으로 뚫리고 있었다.

"앗! 바로 거기야"

바로 그곳이었다. 사실상 '마법의 성'을 깨뜨리기 위한 김홍선의 행보는 오래전에 벌써 시작되고 있었다.

어린 손자는 늘 조부의 옆에서 그가 진맥하는 모양을 다소곳이 지켜보고 있었다. 손가락으로 손목을 짚고 병을 읽어볼 수 있다니… 흡사 비밀의 카드를 읽는 점술가를 방불케 했다. 조부는 호기심이 많은 손자가 갸륵했다. 짬만 있으면 경맥을 짚어주고 약초의 이름을 알려주었다. 조부의 이 형상은 혈위(穴位)처럼 김홍선의 기억 여기저기에 흔적을 남기고 있었다.

혈위는 인간의 몸에 생리나 병리 변화를 일으킬 수 있는 특정부위로

‖ 김씨 가문에 전승되고 있는 옛 의서의 일부

서 혈 자리라는 의미이다. 눈에 보이지 않는 그림자 같은 존재의 이 혈위는 어릴 때부터 김홍선에게 한 장의 생생한 그림으로 떠오르고 있었다. 그는 인체 대부분의 혈위와 사용법을 조부 김장욱으로부터 익혔다고 한다.

"전통적인 침술 혈위는 몸에 361개 정도 된다고 하는데요. 기혈(氣穴)은 지금도 계속 발견되고 있습니다."

김홍선은 설명을 하다 말고 금방 손가락으로 짚어낸 혈위를 가리켰다. 그는 이 혈위를 기순혈(氣順穴)이라고 부르고 있었다. 침구도(鍼灸圖)에도 없는 이상한 혈위였다.

"실은 중국의 아시혈(阿是穴)과 비슷한 말인데요, 새롭게 지은 이름이라서 신기하게 여길 따름이지요."

아시혈은 당(唐)나라 때의 의학자 손사막(孫思邈)의 침구법에서 유래한 혈위이다. 정식 경혈의 자리가 아니지만 침구에 의해 기혈이 소통되고 병이 낫는 혈 자리이다. 항간에서는 손가락으로 누르면 앗 하고 곧 동통을 호소한다고 해서 '앗! 바로 거기야'라는 의미의 이 이름을 지었다. 침구에 입문한 침술사라면 항상 염두에 두어야 할 가장 기본적인 혈 자리다. 이 아시혈을 국부(局部)에 나타난 동통 자리라고 한다면 기순혈은 병변(病變) 반응으로 나타난 동통 부위이다. 꼭 만져야 발견되는 피하 결절(結節)과 변색된 피부의 반점, 피부의 껍질이 벗겨지거나 피부 표면이 오목하게 들어가는 증상이 나타난다. 또 특정부위에만 기포나 붓기가 생기고 마비되거나 저리는 등의 현상은 모두 기순혈의 범주에 속한다고 김홍선은 설명한다.

김씨 가문의 선인들은 병의 원인을 몸의 풍수가 조화되지 않은 데서 찾고 있었다. 몸 표면의 위치와 형태에서 여러 병적 변화에 의해 상응하여 생긴 각종 반응 자리를 찾고 그것을 '기순혈'이라고 이름을 지었던 것이다.

"기순혈을 정확히 찾고 거기에 양혈(陽穴)과 음혈(陰穴)에 각기 일침을 가하여 삼침(삼침)을 놓으면 대뜸 효과가 생깁니다."

한마디 빠뜨린 게 있다. 침을 찌르기 전에 김장욱은 먼저 명문(名門)과 신궐(神闕) 두 혈위를 안마했다고 한다. 남녀 음양설의 원리에 따라 명문과 신궐 두 혈위를 안마하는 순서도 달랐다. 안마와 침술, 탕약을 망라한 일명 '음양기순(陰陽氣順)의 삼침(三鍼)' 요법은 김씨 가문에만 전승되는 민간요법이다. 조선민족의 민속 문화를 바탕으로 삼은 이 비법은 현재 대륙에서 유일무이한 것으로 알려지고 있다.

김장욱은 가문의 '음양 삼침술' 침술 비술과 비방을 붓글씨로 필사했다. 가보로 전할 이 기록부에는 또 그의 임상치료 처방을 첨부했다. 아들 김봉구가 따로 만든 기록부도 적지 않았다. 여러 세대를 거쳐 거듭 개선된 이런 처방은 갈수록 특효의 남다른 비방으로 발전된 것이다.

그런데 기록부가 화제에 오르자 김홍선은 한숨을 연이어 내쉰다. "약 처방이랑 포대로 몇 개나 되었는데요, 이런 기록부를 동란(문화대혁명) 때 이것저것 버리고 태워버렸습니다. 지금은 옛 의서랑 합쳐서 남은 게 몇 권 안 돼요."

조부 김장욱은 어릴 때부터 선조로부터 '음양 삼침술'을 전수 받았다. 그래서 20대의 애송이 나이에 벌써 명천 바닥에 의사로 이름을 날릴 수 있었다. '음양 삼침술'은 김장욱을 이어 김봉구의 세대에 하나의 정상을 이뤘다.

"침이라고 하면 큰 병은 보통 한 번에 몇십 대를 놓는 게 기본이겠죠. 그런데 침이 석대 기준이었습니다. 석대의 침을 놓는 '삼침술'이라고 부르지 않아요? 이름 그대로였습니다."

기적 때문에 뜻밖의 난리가 생긴 적 있다. 원래 병자는 심한 중풍의 후유증으로 반신불수였다. 주의 최대 병원인 연변병원은 병자를 극력 천진이나 북경 대도시의 전문병원으로 추천했다. 아무래도 병자에게는 큰 수술이 필요하다는 것이었다. 김봉구는 침술 요법을 사용, 보름 정도 걸린 2회의 치료 과정으로 병자를 완치했다.

"나중에 병자가 두 발로 병원을 걸어서 나갔는데요, 상식적으로 상상할 수 없는 일이 시골 병원에서 일어난 거지요."

이 병자가 1960년대 말 용정에 왔던 도문의 여자였다고 김홍선은 기억하고 있었다. 병자들이 뛸 듯이 기뻐하면서 초가의 할아버지를 찾던 옛 정경이 또다시 눈앞에 알른거렸다. 만나는 사람마다 김씨 부자를 마치 침술에 신들린 것 같다고 했다. 반신불수나 안면마비 등 뇌졸중의 후유증과 골관절의 통증을 침 몇 대로 치료한다는 것이다.

가문의 비법(秘法) 전수는 1971년 제6대 전승인 김홍선에게 이르러 급작스레 속도를 냈다. 그 무렵 제4대 전승인 김장욱이 시골의 진료소에 의사로 있다가 사망했다. 제5대 전승인 김봉구는 그의 세대에 와서 김씨 가문의 '음양 삼침술'이 끊어질까 몹시 우려했다. 짬만 있으면 가문의 침술을 꼭 전승해야 한다고 아들에게 일침을 놓고 있었다.

김홍선은 중의학의 기초이론부터 체계적인 공부를 시작했다. 혈위를 다시 익혔고 침구를 배웠으며 약 비방을 숙지했다.

김봉구는 그로부터 10년 후인 1981년 뇌졸중으로 사망했다. 장례식을 올린 이튿날 김봉구는 아들에게 다시 나타났다. "그날 밤 꿈에 만나 말씀을 하셔요. 침통과 의사 증명서를 보내지 않았다고요." 김홍선은 모친에게 꿈 이야기를 하고 그런 일이 있나 하고 차문을 했다. 그러자 모친은 남몰래 보관하고 있던 그 침통과 의사 증명서를 내놓더란다.

이야말로 무덤 뚜껑이 다시 열릴 일이 아닌가. 고개를 갸우뚱하던 김홍선은 앗 하고 무릎을 쳤다. 저 세상에 있는 부친의 마지막 귀띔이 아니었을까… 아들에게 옛것에 머물지 말고 김씨 가문의 '음양 삼침술'에 새롭게 변화를 거듭하라고 말이다. 바로 그처럼 새롭게 태어나기 위해 부친은 홀로 망망한 바다를 건너지 않았던가.

———

마법의 성에 나타난 새 국왕의 이야기

김홍선은 다시 바닥에 무릎을 꿇고 앉았다. 옛날처럼 김봉구는 아들에게 침구를 가르쳤고 약 비방을 알려줬다. 이 이야기는 눈앞의 현실이 아닌 꿈의 현상이다. 두 부자는 꿈의 세계에서 자주 대화를 나누고 있었다.

그런데 꿈이 꿈이 아닌 것 같았다. 이튿날 책을 찾아보면 꿈에 들은 내용이 그대로 책에 나타나고 있었다. 현실처럼 기억에 너무 또렷했다.

"뇌졸중 환자에게 놓을 침을 궁리하는 중인데요, 첫 침은 내관(內關)을 찌르라고 해요. 이건 책에도 없는 겁니다. 그렇게 침을 놓은 사람도 없었고요."

누군가는 골몰하면 그 일이 꿈에 나타난다고 했다. 어쨌거나 김홍선은 분명히 꿈이 알려주는 진정한 '나'를 보고 있었다. '나'는 의술을 후대에게 전부 주지 못해 진통을 앓고 있었다. '나'는 홀로 의학의 세계를 헤매며 깨달음을 찾아야 하는 외로움에 모대기고 있었다.

실제로 아들이 정부 공무원이 되자 김봉구는 가슴을 앓았다. '음양 삼침술'의 유일한 전승인 외동아들이 엉뚱한 곳으로 가고 있는 것 같았다.

하긴 그럴 법했다. 공업전문학교를 졸업한 후 김홍선은 선후로 연길시 과학기술개방총공사 부경리(副經理), 연길시 과학기술연구소 소장, 연길시 노동취업국의 공무원 등으로 근무지를 옮겼다. 시간이 갈수록 침통과 멀어지는 것 같았고 약방과 인연이 끊어질 듯했다. 그러나 의술로 통한 그 길을 김홍선은 그냥 버리지 않고 있었다. 어디로 가든지 의서를 한시도 손에 놓지 않았다. 의학지식이 해박하고 침술에 능하

‖ 아들 김성무(왼쪽)에게 김씨 의술의 침구 혈위를 전수하고 있는 김홍선

다는 소식은 이때 벌써 주변에 널리 알려지고 있었다.

퇴직을 앞두고 김홍선은 침술을 시술하기 위한 준비 작업을 시작했다. 가문의 전승 과정을 새롭게 답습했다. 그 시절 세간에서 인기를 끌었던 마작, 낚시는 그와 인연이 없었다. 꿈의 대화는 바로 이 무렵에 있은 일이다.

옛날 귀에 못처럼 박혔던 이야기가 다시 들리고 있었다. "열 번을 보고 백번을 읽으라. 그래야 글이 머리에 들어가느니라." 그때 김봉구는 아들을 위해 저녁이면 한 시간 반씩 의학 강의를 했고 아들의 질문에 따른 설명을 덧붙였다. 동네에 왕진(往診)을 내려갈 때면 일부러 아들을 불러 그를 꼭 동행하게 했다. 책갈피에 숨어있던 글들이 다시 김홍선의 머리에 새록새록 떠오르고 있었다.

2003년 퇴직을 한 후 김홍선은 곧바로 침구사들을 찾아 그들의 보조사를 자청했다. 동일한 병 증상을 두고 침구사마다 찾는 혈위와 침의 숫자는 달랐다. 그들의 처방은 제각기 달랐던 것이다.

"비교가 되고 있었지요. 그럴수록 우리 가문의 침술과 비방이 정말 대단하다는 생각이 들었습니다."

그런데 기뻐할 사이가 없었다. 김홍선은 수술대에 올라야 했다. 방광암에 걸렸던 것. 그래서 의사가 되려면 먼저 병자가 되어야 한다고 했을까. 그렇다면 너무나 참혹한 시련이 아닐 수 없었다. 한 병실에 있던 다른 두 암 병자는 나중에 암세포 확산으로 사망했다.

김홍선은 이에 앞서 병원의 치료를 포기했다. 김씨네 '음양 삼침술'에 더 신심이 있었다. 그는 날마다 가문의 '음양 삼침술'을 시술하고 비방의 탕약을 조제, 음복했다. 반응이 좋았다. 방광암은 종국적으로 거짓말처럼 사라졌다. 김홍선은 몸으로 직접 실험한 이 비법을 문자로 정리했다. 논문 "항암 면역의 증강제-CHAGA"는 미구에 전국 민족 민간 전문병 학술협회에 의해 우수논문으로 평가되었다.

가문의 백년 비법은 김홍선의 제6대에 이르러 또 하나의 '마법의 성'을 뚫고 있었다.

여기저기에서 병자들이 줄레줄레 찾아오고 있었다. '삼침법'은 이때 '음양'의 '기순' 요법을 마법처럼 현시하고 있었다. 지팡이를 버리고 보행으로 귀국한 좌골신경통의 사나이, 관절막 염증으로 고생하다가 팔을 번쩍 추켜든 아줌마… 예전에 병자들이 줄을 지어 조부와 부친을 찾아오던 그 정경이 또다시 재현되고 있었다.

김홍선은 현재 모 중의진료소의 침구 강사로 있으면서 침구인재의 양성과 조선족 민간요법의 수집, 집필 작업에 정진하고 있다. 참고로

2017년 새로운 중의법(中醫法)이 전국인민대표대회에서 통과되었다. 이에 따라 민간의 중의와 민족의약 유산을 보호, 전승하는 작업은 갈수록 탄력을 받고 있다. 일명 조의(朝醫)의 조선족 의학은 일찍 2011년부터 중국에서 자격증 시험을 회복했다. 와중에 음양설을 기초로 하고 풍수설에 이르는 등 사상 의학은 아직도 중국이나 연변 현지에서도 별반 알려지지 않고 있다.

'음양 삼침술'은 더구나 조선족 의학의 희귀한 무형의 실증자료이다. 그러나 아직 세상에 파묻혀 있는 발굴되지 않은 미지의 '궁성'으로 되고 있다.

얼마 전 김홍선은 이 비술을 연변 무형문화재의 프로젝트로 신청했다. "우리 김씨네 '음양 삼침술'은 가문의 전승 방식으로만 유전되고 있는데요, 자칫하면 유실될 가능성이 아주 큽니다."

아들 김성무(金星武)가 전승자의 행렬에 합류했다. 김성무는 원래 일본 국영회사에서 기술팀장으로 있던 엘리트였다. 김씨 가문의 '음양 삼침술'을 전수받고자 고향 행을 단행, 연변병원 기술 부서에 입사하였다. 얼마 전 김성무는 김씨 가문의 제7대 전승자로 되어 '음양 삼침술'의 신고식을 올렸다. 2백 년을 이은 미스터리의 그 '궁성'에는 이로써 새 국왕이 나타나 새로운 이야기를 시작하게 되는 것이다.

"우리 가문의 '음양 삼침술'이 너의 세대에 와서 끊어져서는 절대 안 되는 거야. 그건 조상에게 죄를 짓는 일이거든."

김홍선이 삼침(三針)을 놓듯 아들에게 거듭하는 말이다.

천불지산의 다섯 번째 이야기

땅의 자궁은
여행이
끝나는 그곳에
있었다

❖

　그곳은 용정 시내의 한쪽 모퉁이에 있다. 안내 표식물이 따로 없지만 진료소를 쉽게 찾을 수 있다. 시내를 벗어나면서 우리는 기사에게 한마디만 귀띔했다. "인제 차들이 여러 대나 길가에 주차하고 사람들이 줄레줄레 서있는 그곳인데요."

　비술나무 아래의 '강덕(康德) 진료소'는 그렇게 우리의 시야에 불쑥 뛰어들고 있었다.

　'강덕(1934~1945)'은 괴뢰 만주국 부의(溥儀) 황제의 연호이다. 하필이면 용정 시내의 귀퉁이에 나타나는 이유가 있다. 예전에 강덕은 팔도하(八道河)에 놓인 다리 '강덕교'로 팔도촌(八道村)에 이어졌다. 강덕교는 오정묵에게 옛 고향의 추억과 잇닿는 다리요, 또 고향의 문패를 밝히는 명호(名號)였다. 개인 진료소를 열면서 이름을 짓게 되자 오정묵은 대뜸 '강덕'을 머리에 떠올렸던 것이다.

　병자들의 발길이 마침내 끊어졌을 때는 점심 무렵이었다. 대충 세어

보니 오전 한나절에 6,70명이 진료소의 문턱을 넘고 있었다. 많을 때는 거의 백 명의 병자가 다녀간다는 게 후문이다. 용정은 물론이고 산 너머 연길에서 오고 타성에서도 찾아온단다. 지어 사천(四川)과 운남(云南) 등 오지에서 소문을 듣고 오는 사람도 있었다. 자그마한 이 진료소는 마치 시내의 어느 종합병원을 방불케 하고 있었다.

오정묵은 흰 가운을 벗어놓은 후 진료소를 나섰다. 이때부터 그는 더는 병자를 보는 의사가 아니다. 적어도 병원에 출근하게 되는 내일 아침까지 그러하다. 혹자는 작가들과 글을 담소하는 시인이 되고 혹자는 문화연구회 회장으로 토론장에 나서며 혹자는 시골의 논물에 발목을 적시는 농부가 된다.

우리가 인터뷰를 나눈 곳은 문화연구회의 사무실이었다. 연구회의 전칭은 '연변천불지산생태문화연구회', 오정묵이 주도하여 만든 사단법인이다. 천불지산과 천불지산에 사는 사람들을 책으로 기획한 사람 역시 이 오정묵이다. 실은 이 책을 만들면서 인터뷰를 할 첫 대상자도 다름이 아닌 오정묵이여야 했다.

함께 따져보니 오정묵과 10년 전에 벌써 첫 만남을 가졌다. 그때부터 연변에서 답사와 탐방을 할 때마다 이런저런 일로 그를 찾았다. 천불지산의 옛 성터 답사에 오정묵의 안내를 받은 적이 있다. 그는 천불지산의 산 주인이었다. 천불지산 기슭의 어곡전(御谷田)을 탐방할 때도 오정묵의 안내를 받았다. 그는 이 어곡전의 새 주인이었다. 또 지명 조사를 하면서 오정묵의 안내를 여러 번 받았고 인물탐방을 하면서 늘 그의 소개를 받았다.

산에 오를 때 산의 동행자를 자주 만나듯 오정묵과 거듭 만나고 있었다. 그리고 만날 때마다 그와 긴 대화를 나눴다. 이번 인터뷰는 그런 이야기를 문자로 재확인하는 모양새가 되었다. 이 글을 적으면서 불현듯 산에 오르는 건 기실 산의 '높이'를 오르는 것이라는 말이 떠올랐다.

오정묵의 '산' 이야기는 오랑캐령에서 시작하고 있었다. 오랑캐령은 옛날 이민들이 두만강을 건너 간도로 들어오던 경계물이다. 이 산줄기를 넘으면 곧바로 '오랑캐'의 넓은 땅이 펼쳐진다.

오씨 가족은 오랑캐령을 넘은 후 산기슭의 부암동(富岩洞)에 행장을 풀었다. 그게 1923년에 있은 일이라고 오정묵은 가족의 이왕지사를 정리하면서 손을 꼽았다. 조부는 아내와 함께 맏아들과 여동생을 데리고 함경북도 명천에서 이국타향으로 이 여행을 떠났다. 산 저쪽의 고향으로 다시는 돌아가지 못한 마지막 여행이었다.

산과 마을을 찾아 선인(先人)의 옛 발자취를 더듬고 싶었다. 오씨 가족의 첫 정착지에 오정묵은 여러 번 탐방 여행을 다녀왔다.

부암동은 오랑캐령과 이웃한 오봉산(五峰山)의 기슭에 있다. 오봉산은 이름 그대로 다섯 봉우리가 있다고 해서 부르는 이름이다. 부근의 산에 바위가 특별히 많다고 해서 부암동이라는 마을 이름을 지었다고 한다. 비죽비죽한 바위들은 마을을 헤집고 다니는 강아지들을 방불케 하고 있었다.

"다들 모양새를 따서 개똥바위산이라고 불렀다는데요, 오봉산은 새로 고친 이름이라고 합니다."

오정묵의 말이다. 그는 마을의 토박이를 만나 자초지종을 들을 수 있었다.

부암동은 광서(光緒, 1875~1908) 말년에 생긴 촌락이다. 마을이 홍성

‖ 백년 고목과 멀리 보이는 오봉산

하던 1980년대 최고 19가구의 80명이 살았다고 한다. 처음에는 까닭
모를 흉조가 자꾸 산을 내리고 있었다. 뜬금없이 곡소리가 울렸고 송
장이 시도 때도 없이 들려나갔다. 아무래도 이 마을을 떠나야 하는 게
아닌가 하고 의논할 정도였다. 언제인가 오봉산을 찾았던 웬 노승이
사람들에게 깜짝 놀랄 영문을 밝혔다.

"스님의 말씀하기를, 개똥바위산에 웬 구렁이가 살고 있기 때문이랍
니다. 스님은 산에 암자를 지으면서 일부러 주봉을 수리봉이라고 이
름 지었다고 합니다. 구렁이의 천적이 바로 독수리가 아닙니까?"

들쑥날쑥한 다섯 봉우리의 산은 이때부터 오봉산이라고 달리 불렸
다. 정작 지명 '개똥바위산'은 버림을 받은 '개똥'처럼 남쪽의 산봉우리
에 옮겨갔고 훗날에는 그 이름마저 바뀌어 개바위산으로 되었다.

부암동은 소문의 그 구렁이가 웅거할 정도로 산에 잇닿은 동네이다. 지신진(智新鎮)의 제일 남쪽 막바지에 위치한다. 이민들은 오랑캐령을 넘자마자 너나 없이 모두 그대로 맥을 놓고 땅에 풀썩 주저앉은 듯하다. 부암동은 함경북도의 사람들만 끼리끼리 모여사는 공동체이다.

이런 동네는 지신향 북쪽의 동네 명동(明東)이 제일 대표적이다. 1899년 함경북도 회령과 종성의 김씨와 문씨, 남씨 등 4세대 가족 20여 가구가 집단으로 지신 지역으로 이주하여 큰 이민부락을 형성하였다. 이때 그들은 명동 주변에 규암재(圭岩齋), 소암재(素岩齋), 오룡재(烏龍齋) 등 구학서당을 세웠다. 이런 서당은 훗날의 명동학교의 모체가 된다. 명동학교는 1908년 연변의 첫 조선민족 중학교가 된다.

그러나 이 지방에서 제일 먼저 이름난 것은 학교가 아니라 아편이었다. 산과 들에 아편을 많이 재배했으며 이로 하여 대연촌(大煙村)이라는 마을 지명을 만들고 있었다. 마을은 동씨 성의 중국인이 차지한 땅이라고 해서 일명 동개지팡(董家地方)이라고도 했다. 명동이라고 불리는 마을은 김씨와 문씨가 동씨네 땅을 사들여 조선인 이민 마을로 된 후 지은 이름이다. 참고로 명동은 '동쪽의 조선을 밝게 하자'는 뜻이다.

옛날부터 도박은 사람을 취하게 만드는 중독성 해악(害惡)이라고 했다. 아편의 고장에는 늘 도박바람이 구렁이처럼 기어 나온다. 오정묵의 조부도 한때 지신에서 도박의 늪에 빠졌다. 조부의 막내 여동생 오명숙(吳明淑)이 실은 오빠의 도박 빚을 갚느라고 자의든 타의든 시집을 갔다고 한다. 오명숙 노인은 현재 102세(1917년 출생)의 나이로 용정의 시골 복지원에서 여생을 보내고 있다. 내친김에 한마디 더 한다면 오명숙 노인은 지신진 현지의 최고령 생존자이다.

오명숙 노인이 시집을 갔던 이웃의 그 마을은 그리스도의 성스러운 가르침을 받는다는 성교촌(聖敎村)이었다. 이처럼 용정에 이주한 사람들 가운데는 교인들이 많았다. 초기 이민자들에게 성소(聖所)의 교회는 구심점이자 안식처였다. 그들이 대량 집거하던 1906년경 용정에는 크고 작은 교회당이 여기저기 군립(群立)했다. 오씨 가족이 나중에 정착한 마을도 역시 교인들이 운집한 곳이다.

오씨의 가계에 적힐 큰 사건이 하나 또 있었다. 작은 할머니가 시집을 갈 무렵 가문에는 큰 파문이 일어났다. 부암동에 정착한 명천의 이민 대오에는 다른 오씨 가족도 들어있었다. 그런데 이 두 오씨 가족에 갑자기 분쟁이 생겼다. 무슨 알력(軋轢) 때문인지는 지금도 알 수 없다고 오정묵이 가족사의 수수께끼를 말한다.

혹시 조부의 괴벽한 성미 때문일지 모른다. 조부는 술만 마시면 늘 이웃과 언쟁을 벌였다고 한다. 그러나 술 때문에 동네 사람들에게 미움을 샀을지라도 고향 친지가 갑자기 오봉산이 낮다고 펄쩍 뛸 수는 없었을 것이다.

"강 저쪽 동향의 친인들인데요, 서로 어깨를 지대면서 살아야 할 분들이 아닙니까. 그런데 그분들은 아예 뒤도 돌아보지 않고 지신을 떠났다고 합니다."

이 이야기가 오정묵의 화제에 오른 것은 모모한 인물이 있었기 때문이다. 오씨 가족의 이민 대오에는 훗날 반도에 명성이 자자한 오진우(吳振宇)가 합세하고 있었다고 한다. 오진우는 만주 땅에서 항일운동을 했던 조선 혁명 1세대로서 해방 후 조선 인민무력 부장을 역임, 인민군의 원수로 추대되었다.

‖ 오봉산 어구의 비둘기산을 답사하고 있는 오정묵

오진우가 오정묵의 가족과 도대체 어떤 인척 관계인지는 분명하지
않다. 오씨의 족보는 1950년대에 한 장 두 장 찢어져 초가의 창호지로
붙여지면서 훼절되었기 때문이다. 그 무렵, 족보의 고려 종이는 돈을

팔지 않고도 비닐처럼 쓸 수 있는 바람막이의 좋은 대용물이었다. 각설하고, 군데군데 떨어진 추억의 조각을 퍼즐처럼 맞춰보면 뭔가 혈연이 닿는 친척이라는 게 후설이다. 오씨 가족의 이 가계는 두만강을 건넌 후 한때 세상에 잘 밝혀질 듯했다. 명천군 화고면 안방리에 살고 있던 조부의 사촌과 잠깐 편지 연락이 오갔던 것이다. 그러나 이마저 대륙에서 극좌운동인 '문화대혁명(1966~1976)'이 일어나면서 마치 폭파된 교량처럼 끝끝내 끊어지고 말았다.

도박이요, 술이요, 알력이요 하는 등 이런저런 풍파는 그칠 새 없었다. 오씨 가족에는 심심찮게 어두운 그림자가 드리웠다. 미구에 조부는 가족을 데리고 산 너머의 금곡(金谷)으로 이주했다. 금곡은 함풍(咸豊, 1851~1861) 초년에 생긴 조선인 마을인데, 금이 났다고 해서 지은 이름이다. 그러나 조부는 노다지를 만나지 못한 듯했다. 얼마 후 또 북쪽으로 이사했고 이번에는 무슨 장사라도 하려는지 웬 상호(商號)로 이름을 지은 동성용(東盛涌)에 갔다. 그래도 생활의 풍족한 재미를 보지 못한 듯했다. 종당에는 '노다지'를 찾아 멀리 북쪽의 팔도로 갔다.

팔도는 여덟 번째 골짜기라는 뜻인데, 금곡처럼 금이 나지는 않았다. 그러나 금이 나는 금광(金鑛)이 부근에 있었다. 금광산에는 인부만 해도 한때 3만 명이나 있었다고 한다. '금점꾼'이 무리로 있는 데다가 또 북쪽의 왕청(汪淸)으로 통하는 길목에 있어서 팔도는 언제나 도회지처럼 흥성했다. 시골치곤 희한하게 2층 건물이 있었고 또 기생집이 있었다. 그래서 마을 사람들은 다들 2층 건물의 거리를 '기생거리'라고 불렀다.

8.15 광복 후에도 '기생거리'는 팔도의 으뜸가는 명물이었다. 오정묵

‖ 오씨네 팔남매의 옛 사진, 아래줄의 제일 오른쪽 사람이 오정묵이다.

의 어린 기억에는 지금도 색다른 시골 풍경이 그려지고 있었다.

"제가 어릴 때 '기생거리'는 장마당이었는데요. 제일 북쪽이 소장이었고 다음에는 돼지와 닭을 팔았습니다. 낫, 호미 따위의 농기구가 거리 양쪽을 메웠습니다."

장이 열리는 그날이면 팔도는 인산인해를 이루었다. 이름처럼 '팔도강산'의 사람들이 다 찾아오는 고장이 되었다. 부근의 조양천(朝陽川)과 태양촌(太陽村)에서 인파가 몰렸고 산 너머 연집(煙集), 석인구(石人溝)에서도 장꾼들이 끼리끼리 건너왔다. 큰 도회지인 연길에서도 꾸역꾸역 장마당을 찾아왔다.

1950년대를 이어 1960년대 초반까지 팔도에 있었던 화려한 풍속도였다.

그럴지라도 오씨 가족은 장마당을 바라고 이사를 한 건 아니었다. 그때 조모의 친척이 팔도의 거부로 있었는데, 박씨 성의 이 거부는 농사도 짓고 목재 운수업도 운영했다. 오정묵의 부친은 박씨의 수하에서 트럭을 몰았다. 그때는 차 자체가 아주 드물었지만 박씨에게는 트럭이 세대나 있었다고 한다. 이런 차들은 기름이나 가스를 연료로 쓰는게 아니라 장작을 태워서 달리는 차였다.

뭐니 뭐니 해도 팔도에 이사 하나만은 잘 한 것 같았다. 마침내 오매불망 바라던 '금광'을 캐게 되었다. 토지개혁 때 오정묵의 가족은 상등(上等)의 농지를 분여 받았다. 그 땅이 하도 욕심이 나서 누군가는 3만 원을 주겠으니 땅을 팔라고 주문할 정도였다. 황소 한 마리의 가격이 겨우 3백 원을 호가할 때였다. 과수원도 있었다. 오씨 가족은 그토록 고대하던 '지주'가 된 것이다.

구렁이의 저주는 뒤따라 팔도에도 내리고 있었다. 1960년대 초였다. 그날 오정묵은 문득 이상한 꿈을 만났다. 난데없는 돼지가 강에 둥둥 떠가고 있었다. 이튿날 눈을 뜨자마자 강가에 나갔더니 통나무로 만든 다리가 오간데 없었다.

다리는 1940년대의 만주국 시기에 생겼다. 그때 강덕교라는 이름을

‖ 나무다리의 강덕교는 콘크리트의 팔도교로 변신했다.

지었으며 또 그 이름을 우리말로 다리에 적었다고 한다.

"뭐니 뭐니 해도 팔도라고 하면 강덕교였고, 강덕교라고 하면 팔도였지요."

그러나 팔도를 휩쓴 큰물은 엄청난 구렁이처럼 강덕교를 한입에 삼켜버렸다. 수십 년 만의 특대 홍수가 들이닥쳤던 것이다.

이 홍수는 마치 그 무슨 붉은 '신호탄'을 하늘에 쏘아 올린 것 같았다. 뒤미처 '문화대혁명'이 일어났다. 바야흐로 대륙에 검은 폭풍이 몰려오고 미증유의 재난이 터지고 있었다. 강덕교 부근까지 이어졌던 큰 장마당도 물처럼 점차 줄어들더니 미구에 자취를 감췄다.

기실 재난은 이에 앞서 골물처럼 밀려오고 있었다. 대륙은 농업집체화와 대약진(大躍進)운동을 이어 1959년부터 1961년까지 일명 '3년 재해'의 경제난에 빠졌다. 전국적으로 식량과 부식물 위기가 발생하여 기근에 시달렸다. 집집마다 아낙네들은 아침에 끼니를 에우면 저녁에

지을 쌀을 근심했다. 오씨의 쌀뒤주에는 더구나 거미줄을 칠 지경이었다. 열을 넘는 식구가 올망졸망 초가를 채우고 있었다. 오정묵은 팔남매 중에 다섯째이다.

오정묵은 늘 꿈같은 환상세계에서 주린 배를 채웠다. 하늘의 두둥실 피어난 구름이 찰떡으로 변해서 당금 입에 떨어질 듯했고 주룩주룩 쏟아지는 비는 올올이 국수로 되어 눈앞에 알른거렸다.

이때 조부는 예전의 이민을 단행하듯 또 한 번 이행(異行)을 저지른다. 홀로 야산에 올라 초막을 지었다. 그곳은 팔도의 북쪽 노동촌(勞動村) 근처에 있는 벙어리산이었다. 노동촌은 원래 조양하(朝陽河)의 강바닥이 용 모양이라고 해서 용수평(龍水坪)으로 불리던 곳이다. 그러다가 동명의 마을이 많다고 해서 개명했다. 옛날에 정말로 용이 있었는지는 몰라도 벙어리산에는 짐승이 수풀을 이루고 있었다.

"할아버지가 며칠에 한 번씩 자루를 메고 오셨는데요, 자루에는 꿩이 꽉 차있었습니다."

어린 오정묵에게 조부는 하늘의 신선처럼 거룩한 존재였다. 포수가 아닌데도 하늘의 새를 잡을 수 있었다. 솥에는 이따금 기름방울이 떠올랐고 초가에는 드문드문 웃음소리가 굴러다녔다.

조부는 검질 작업을 마친 꿩을 마당의 우물에 넣어 보관했다. 우물을 냉장고로 이용한 것이다. 그는 미처 산에 오르지 못할 때에는 또 마을 부근의 논과 밭에 덫을 놓았다.

"차끼(덫의 방언)로 쥐를 잡았는데요, 내장을 버리고 통째로 삶았습니다. 고뿌(컵) 하나에 한 마리씩 넣었지요."

그 후 별의별 육붙이를 다 맛보았으나 삶은 쥐 고기는 별미로 오정묵의 기억에 남아 있었다. 꿩이 하늘에서 내린 복덩이라면 쥐는 땅에서 바친 은혜였다. 더는 사람마다 저주하는 흉물스러운 구렁이가 아니었다.

사실상 구렁이처럼 발로 차서 멀리 던져버리고 싶은 것은 따로 있었다.

"아버지가 오랜만에 신발을 하나 사줬는데요, 한 발이나 컸습니다. 넙덕(넙적)한 고무줄을 넣어서 실로 겨우 잡아 꿰맸지요."

"이걸 어떻게 발에 신어요?"라고 부르튼 소리를 했다가 오정묵은 대뜸 넉가래 같은 손에 뒤통수를 한 대 얻어맞았다. 처음이자 마지막으로 아버지에게 맞은 매였다. 이 고무신은 소학교를 졸업할 때까지 내내 구렁이처럼 징그럽게 그의 발을 동여맸다.

그보다 어릴 때부터 온몸을 칭칭 감은 병마가 있었다. 오정묵은 인터뷰 도중에 얘기하다 말고 서글피 웃었다.

"하늘에서 맷돌이 빙빙 돌면서 저의 몸을 때리던데요, 왜 다른 사람의 눈에는 좀치도 보이지 않지요?"

여섯 살 나던 어느 날 밤이었다. 오정묵은 소스라쳐 꿈자리를 박차고 일어났다. 얼이 나간 것처럼 비명을 질렀고 갈팡질팡 뛰어다녔다. 온 식구가 놀라서 깨어났고 온 집이 금방 부산해졌다. 갑자기 눈앞에 안개가 낀 듯 희미했고 귀가 잘 들리지 않았다. 누군가 영양부족 때문이라고 귀띔했다. 그럴 법도 했다. 삶은 쥐 고기를 별미처럼 먹었던 '3년 재해' 때였으니 말이다. 그때부터 오정묵은 짐승의 온갖 내장을 약처럼 식용했지만 끝내는 눈 하나를 열지 못했고 귀 하나를 잃고 말았다.

"그게 하늘의 뜻이겠지요. 아직은 세상을 다 보고 들으려 하지 말라고 말입니다."

‖ 강덕교 건너 저쪽의 산기슭에 팔도마을이 널려있다.

오정묵은 누군가를 위안하듯 이렇게 말하고 있었다.

그 무렵 시름시름 앓고 있던 아버지는 몇 년 후 불치의 간암으로 진단을 받았다. 조부는 아들을 앞세울 수 없다고 하면서 단식을 했다. 조부가 절명한 꼭 30일 후 아버지가 그를 뒤따라갔다.

온 세상이 갑자기 먹장구름에 뒤덮이는 듯했다. 더는 세상을 눈으로 보기 싫었고 귀로 듣기 싫었다.

날마다 마을에 울리던 종소리도 언제부터인가 갑자기 끊어지고 있었다. 이 종소리는 예전에는 교회당의 종루에서 아침마다 울렸다. 팔도 최초의 이민은 거의 다 교인이었다. 오씨 가족이 천입했던 1930년대경 팔도는 이민의 초창기를 지나 전성기를 누리고 있었다. 이때 교인 역시 북간도에서 지역별로 제일 많은 고장으로 알려진다. 북간도 선교의 중심지이었던 연길은 그즈음 교인이 3천여 명에 지나지 않았다. '문화대혁명'이 발발하면서 교인들은 부득불 교회당의 예배활동을 중단했다. 와중에 팔도 교회당은 한동안 예배행사를 지속했다. 연변에서 제일 마지막까지 교단을 고수한 것이다.

오정묵은 교인이 아니었지만 끝끝내 '홍위병(紅衛兵)' 완장을 팔에 걸지 못했다. 연길현 8중 일명 팔도중학교에서 유일하게 홍위병이 아닌 재학생이었다. 홍위병은 '문화대혁명'의 극좌적 영향으로 산생, 중학생과 대학생 등 청소년을 주체로 삼은 군중조직이다.

"집 마당에 심은 채소를 선생님에게 한 아름 갖다 드렸는데요… 엉뚱한 모자를 쓰게 되었어요."

교원 천씨(千氏)가 급작스레 팔도에 하방(下放)했는데, 당금 밥상에 올릴 채소라곤 배추 한 포기도 없었다. '된장에 손가락을 찍어 먹을 정도'였다고 오정묵이 말한다. 하방은 간부와 지식분자가 공장이나 농촌에 내려가서 기층의 사업과 생활을 하는 것을 이르는 중국말 어휘이다.

그때 그 시절 많은 사람이 본의 아니게 팔도에 출현하고 있었다. 정치적으로 문제가 있다고 인정되는 사람들은 본의든 타의든 오지로 하방되고 있었던 것이다.

천씨 성의 교원은 원래 시내 학교에서 물리학을 강의했다고 한다. 그는 '모든 사람은 결함과 우점이 있으니, 이분법으로 사람을 보아야 한다.'고 주장했다. 당시 하느님 같은 존재였던 모택동(毛澤東) 주석도 그렇게 해야 한다고 입을 놀렸다가 '우파(右派)'의 덤터기를 쓰게 되었다. '우파'는 당시 '오류분자(五流分子)'의 일원으로 무산계급의 독재를 받는 범위에 속하고 있었다. '오류분자'는 '문화대혁명' 시기의 정치신분으로 지주, 부농, 반혁명, 나쁜 분자, 우파를 가리킨다.

한 아름의 채소는 급기야 큰 맷돌이 되어 오정묵을 지지눌렀다. 감히 '오류분자'를 돕는 그의 행적을 누군가 미주알고주알 상부에 고발했던 것이다. 그맘때 밖으로 나가면 눈총이 뒤를 졸졸 따르는 것 같았다고 오정묵이 말한다.

"난생처음 비판이라는 걸 받았는데요, 세상 사람들을 다 피하고 싶었습니다."

'뱀에 물린 사람은 새끼줄을 보고도 놀란다.' 대인 기피증이 생길 정도였다. 그때부터 정치라고 하면 아예 먼발치부터 피하였다. 담임교원의 거듭되는 권유로 마지못해 '홍위병' 가입신청을 했다. 그러나 그날을 마지막으로 중학교를 마치면서 '홍위병'과는 끝끝내 인연을 접고 말았다.

제일 인연을 맺고 싶은 것은 진작부터 따로 있었다. 오정묵의 꿈이었다.

"농사를 연구하는 사람이 되고 싶었습니다. 어릴 때의 배고픈 고생이 내내 머리에 남아서요. 언제나 풍년을 만들어서 누구라도 모두 배를 곯지 않게 하고 싶었습니다."

오정묵은 촌 생산대의 사원(社員)이 된 후 농업과학기술소조 조원을 일임했다. 아직 '문화대혁명'이 끝나기 전인 1970년대 초반이었다. 세간의 정치운동은 벽지의 시골에도 발을 들여놓고 한사코 사라지지 않고 있었다. 마치 해마다 논에 알밉게 생겨나는 극성스러운 돌피를 방불케 했다. 이 때문에 오정묵은 약방에 몸을 담게 되지만, 종국적으로 논과 밭에 다시 발을 들여놓게 된다.

약방에는 형이 주선해서 발을 들여놓게 되었다고 한다. 어릴 때부터 책만 만나면 골방에 들어박혀 있는 오정묵을 두고 형은 '약쟁이' 같다고 놀렸다. '약쟁이'는 마약 중독자를 이르는 말이다. 어린 오정묵은 책에 아편처럼 중독된 애송이 '약쟁이'라는 것이다.

그러나 소설을 쓰는 작가가 되고 싶어도 넘을 벽이 너무 많고 높았다. 무엇보다 자주 입을 다물고 손에 족쇄를 달아야 했다. 그 시절에는 글로 범접하지 못할 '금지구역'이 많았다. 뭔가 글로 옮기려 할 때마다 학교를 다니면서 덤터기를 썼던 일이 자꾸 발목에 걸렸다. 그가 시인으로 출마한 것은 몇십 년의 세월이 지난 훗날에야 비로소 있은 이야기이다.

작가보다 독자의 눈이 더 밝았다. 형은 소설을 들자마자 벌써 결말을 읽고 있었다. "넌 책을 볼라치면 끝을 보는 성미인데… 의학공부를 하는 게 너의 직성에 맞는 것 같구나."

마침 대대위생소(大隊衛生所, 촌 보건소)의 소장 이씨가 형의 친구였다. 오정묵은 위생소에 입사하여 약제사가 되었다. 이씨의 처방전에 따라 약을 찾아 병자에게 넘겨주는 것이 일이었다. 거개 서약 처방이라서 약리(藥理)를 조금 알고 중국 글을 조금 읽으면 눈 감고 할 수 있는 일이었다.

시골의 병원은 수술실, X선 촬영실 같은 시설이 없었다. 응급실이자 곧 주사실이었다. 병리분석실, 화학검사실 같은 시설 없이 약방이 전부였다. 당연히 사진이나 검사 비용이 없었고 처치 비용이나 약값도 없었다.

"사원은 촌 병원의 1회 등록비용이 5전이었습니다. 따로 비용이 있다면 회원처럼 해마다 병원에 인당 5원을 회부한 거지요."

병자는 곧 사원이었다. 의사도 실은 사원이었다. 병자를 사랑하면 의사가 된다. 아니, 병자를 사랑해야 의사가 될 수 있다. 실제로 오정묵의 의사공부는 오래전에 벌써 시작되고 있었다. 오정묵 본인이 어릴 때부터 병자였고 부친은 병으로 젊은 나이에 사망했다. 병자인 아들을 앞세우지 않고자 조부가 삶을 더 잇기를 거부하지 않았던가. 병자에 대한 오정묵의 사랑은 누구보다 다를 수밖에 없었다.

하늘은 땅에 맷돌만을 팽개친 게 아닌 듯했다. 그때 그 시절 팔도에는 명의가 특별히 많았다. 본의 아니게 오지의 시골에 '하방'한 의사들이었다. '우파'의 덤터기를 썼던 천씨 교원과 대개 비슷한 경우였다. 그러나 시골에서 명의를 무더기로 만난 병자들에게는 하늘이 내린 은혜였다. 적어도 의학공부에 전념하고 있는 오정묵에게는 천상에서 내린 복음이었다.

"일본에 유학을 다녀온 의사도 있었습니다. 김수길(金秀吉)이라고 불렀는데요, 연변의학원 생리교학연구실 주임으로 계시다가 후에 연변의학원 원장으로 발탁된 분입니다. 그리고 최영(崔英)이라고 부르는 분은 원래 도문중의원 원장으로 계셨습니다."

오정묵의 마음에 꽃처럼 심겨 있는 스승의 이름이다. 그리고 김규혁(金奎赫), 김성필(金聖赫), 나인근(羅仁根) 등 연변에 익히 알려진 노중의가 있었다. 김규혁은 한때 연변중의협회 서기장을 역임했다. 또 새로 등극하고 있는 명의 최필현(崔弼弦)이 있었다. 연변의학원에서 해부학을 가르쳤던 조집중(趙集中) 교수도 있었다. 그야말로 말세에는 십승지(十勝地)의 피난처가 있다고 하더니 팔도에는 팔도강산의 명의가 운집하고 있었다.

이때 오정묵은 의학을 기초부터 체계적으로 확실하게 닦게 되었다. 생리학, 약리학을 답습하고 해부학을 배웠으며 침구를 수련했다. 솔직히 어느 대학을 다닌들 명의(名醫), 명사(名師)의 이런 귀인들을 한꺼번에 만날 수 있을까.

비가 내리는 하늘에 오색 무지개가 피어날 듯했다. 1975년 팔도촌 위생소에 연변의학원의 학생모집 정원(定員) 하나가 내려왔다. 현을 거쳐 향의 위생원(보건원)에 내려온 모집 정원은 특별히 오정묵을 지명하고 있었다. 시골 젊은이의 불타는 의술 의욕을 옆에서 지켜보았던 김수길 원장의 속뜻이었다. 이 소식을 알게 된 촌 위생소의 이씨가 오정묵의 모집 정원을 남몰래 가로챘다.

정말이지 무지개는커녕 뜻하지 않는 맷돌이 떨어져 내린 것 같았다. 오정묵은 팔도를 떠나기로 작심한다. 뒷이야기이지만, 뜻하지 않은 액운은 오히려 그가 세상을 더 많이 알고 더 멀리 뛰게 된 계기가 되었다.

"처음에는 다들 저를 말렸습니다. 고생을 사서 공사장으로 간다고 말입니다. 제가 공사(公社, 향) 전문대의 위생원으로 자청을 한 거죠."

정치사상으로 심신의 무장을 하고 있던 시대였다. 오정묵은 웃통을 벗어던지고 공사 현장에 뛰어들었다. 쪽지게에 무거운 짐을 메고 톱날 같은 바위를 톺아 올랐다. 뱀이 늘 길을 막았고 가끔 머리에 나뭇가지처럼 떨어져 내렸다. 발에서 자주 피가 흘렀고 어깨에 멍이 졌다. 지옥에 들어가서 악마의 고문을 받는 듯했다. 어느 날인가 굴러 떨어지는 바위에 끝내 몸을 다치고 말았다. 그때 끊어진 오른쪽 팔은 지금도 감각이 무디고 힘이 풀린다.

나무는 꽃을 잃으면 열매를 얻는다. 불꽃이 튕기는 공사장은 강인한

의지력을 낳았다.

"지금도 뭐나 할라치면 마지막까지 손을 놓지 않아요. 무슨 저애를 받게 되면 그걸 꼭 이겨내고 맙니다."

그때부터 오정묵의 의학공부는 10년을 줄곧 하루같이 이어졌다. 연길현 여명(黎明)농업대학의 의사반, 연변위생학교의 의사반, 연변의학원 연수 등등. 의학의 길은 미구에 바다 건너 태평양 저쪽의 미국까지 닿는다.

산골의 애솔나무는 나날이 무성하게 자랐다. 어느덧 여기저기 가지가 뻗은 울창한 나무로 거듭났다. 나무에는 햇빛을 가리는 그늘이 생겼고 서늘한 그늘을 찾아 사람들이 옹기중기 모여 왔다.

오정묵은 '반농반의(半農半醫)'의 시골 맨발의사(赤脚醫生)로부터 팔도 임장(林場) 위생소의 의사, 연길현 노투구진(老頭溝鎭) 중심위생원의 의사, 중한합작의 용정시 지역병원 분원 의사를 거쳐 용정시간부요양원 의사, 원장이 되었다.

팔도는 더는 전부가 아니었다. 강산은 팔도보다 훨씬 더 컸다. 그곳에는 '황제'가 나타났고 '부처'가 현신하고 있었다.

팔도를 떠난 후 팔도 밖의 강산을 주름잡고 다녔다. 발에 닿는 세상을 만나고 눈에 보이는 세상을 읽었다. 팔도강산의 유람기에는 산이 있었고 밭이 있었으며 나무가 자라고 곡식이 자랐다. 마을의 사람이 있었고 땅의 귀신이 있었으며 하늘의 신이 있었다.

의도(醫道)는 나름의 인간 수련이었고 비방은 수련에서 터득한 나름의 깨달음이었다.

강을 건너고 산을 넘어 정진이 거듭되었다. 세상은 눈만큼 컸고 마음만큼 커지고 있었다.

팔도의 고향마을은 오정묵의 기억에 어느덧 옛 초가로 허물어지고 있었다. "우리 7대(隊, 촌민소조)가 팔도에서는 제일 부유했댔는데요, 한때 팔도를 떠나지 않고 팔도를 매달리는 구실이 된 거지요."

팔도 13개 촌민소조에서 제7촌민소조는 남부러운 동네였다. 다른 촌민소조에서는 1공(수)에 30전이나 40전이었지만 제7촌민소조에서는 2원씩 이었다. 공수는 인력을 시간 단위로 계산한 가치이다. 동네는 부근 공소사의 부업을 맡아하면서 '노다지'를 캐고 있었다. 그 무렵 돼지고기 한 근의 가격이 50~70전 정도, 비누 한 개의 가격이 5~10전 정도였다.

"동네 사람들은 웬만해서는 팔도를 떠나려 하지 않았지요. 여길 떠나면 더는 팔도만큼 잘 살 것 같지 못한 거지요."

벽지에도 도시 바람이 불고 서울 나들이가 시작된 것은 그로부터 한참 후의 이야기이다.

오정묵은 짬만 생기면 용정 부근의 산과 마을을 답사하고 있었다. 병원에서 만났던 노인들을 다시 산과 마을에서 만났다. 산과 마을의 전설을 들었고 전설의 산과 마을을 보았다. 전설의 어곡전은 그렇게 만났다. 어곡전은 천불지산을 감돌고 있는 두만강 기슭의 천평(泉坪) 벌에 있었다.

천평 벌은 일찍 발해 때 벌써 벼로 세간에 이름나고 있었다. 『신당·발해전(新唐·渤海傳)』의 기록에 따르면 노성(盧城)의 벼가 유명하다. 노성이 속한 노주(盧州)는 바로 천평 일대로 비정된다.

"만주국의 강덕 황제에게 쌀을 진상한 곳이 바로 여기라고 합니다.

그래서 이 땅을 기어이 살 작정을 했지요."

어곡전의 원래 주인은 함경도 길주의 최씨 성의 이민이었다. 그는 '유지 온상 육모법'을 고안, 콩기름을 바른 크라프트지를 모상판 위에 덮어주어 모판의 온도를 높이고 이로써 벼가 빨리 자라게 했다. 최씨의 논에서 자란 벼는 소출이 높았고 또 땅이 기름져서 밥맛이 좋았다. 나중에 만주국은 최씨에게 부의 황제의 수라상에 올리는 '어곡미'의 생산을 위임했다.

기이한 운명이었다. 오지의 팔도에서 만났던 '강덕'을 오정묵은 두만강 기슭에서 재회하고 있었다. 못다 한 인연을 숙명을 통해 만나고 풀 수 있을 것 같았다.

의사인 오정묵은 이때부터 농부 오정묵으로 변신한다. 미구에 어곡미가 산출되었고 어곡주가 만들어졌다. 오정묵은 어곡전을 개발하고 조선족 농경문화의 브랜드를 창출하면서 '조선족 농부절'을 발굴하기에 이른다. 2009년, '조선족 농부절'은 성급 무형문화재로 등록되며 오정묵은 이 문화재의 전승인(傳承人)이 되었다. '조선족 농부절'은 미구에 계열행사로 발전하며 용정의 연도별 큰 문화축제로 등극한다.

어릴 때 자나 깨나 쌀 근심을 했던 농부의 아들은 마침내 하늘처럼 높은 쌀뒤주에 덩실하니 올라앉았다. 정말이지 축제의 끝에 굿판이라도 벌여 살풀이의 장단으로 춤판을 벌이고 싶었다. 운명에서 어쩔 수 없이 만났던 살(煞)을 끝끝내 천불지산의 기슭에서 마침내 풀어버린 것 같았다.

천불지산은 백두산의 동쪽으로 3백 리 떨어진, 전설이 깊은 명산이다. 천불지산의 문화를 계승하고자 오정묵은 2008년 천불지산생태문

‖ 어곡전의 마당에서 열린 조선족농부절(축제)의 한 장면.

화연구회를 설립하였다. 용성(龍城, 1864~1940) 선사가 60여 세의 나이
에 천불지산을 자주 찾았듯 오정묵도 그 뒤를 따르고 있었다. 용성선
사는 대각사(大覺寺)를 창설하고 선농(禪農)불교를 일으킨 고승이다. 그
때 선사가 설법을 하자 하늘을 날던 비둘기들이 설법 도장에 내려앉았
다고 한다. 현지 사람들은 지금도 이 도장을 습관적으로 비둘기바위
라고 부른다. 아름답고 신비한 그 세계를 만날 때마다 오정묵은 무아
몽중의 명상에 잠긴다.

  그때마다 송(宋)나라의 문인 소동파(蘇東坡)가 산을 유람하면서 남긴
시 한 수가 비둘기처럼 머리에 내려앉고 있었다. 『제서림벽(題西林壁)』,

이 시를 읽으면 마음도 금방 하늘을 헤엄치는 구름처럼 맑고 투명해지는 듯했다.

横看成嶺側成峰　이리 보면 고개요 저리 보면 봉우리라
遠近高低各不同　원근고저 보이는 건 모두가 다르구나.
不識廬山眞面目　여산의 참모습은 알기가 어려워라
只緣身在此山中　내 몸이 이 산중에 들어 있기 때문이리.

인간이 본래 갖고 있는 진실한 모습을 보는 것과 마찬가지이다. 산속에 갇혀 있으면 산 전체의 모습을 볼 수 없듯 아상(我相)에 묻혀 있으면 나의 본래의 모습을 볼 수 없다. 내 마음속에 있는 부처를 볼 수 없다.

"병은 기실 병이 아닙니다. 인간을 가르치러 오는 거지요. 몸의 주인은 의사가 아니라 본인인데요, 많은 사람들은 이걸 까마득하게 잊어버립니다."

몸과 마음으로 떼지 못하는 인간의 병은 고칠 수 없다는 것. 병에 대한 깨달음도 그렇지만 인체의 장기(臟器)에도 오정묵은 나름대로 그의 일가견을 밝힌다.

"통상 오장육부(五臟六腑)라고 말하지만, 저는 기어이 육장육부(六臟六腑)라고 말하고 싶습니다. 오장은 정, 기, 신, 혈, 혼, 백의 저장소라고 하는데요, 그렇다면 이와 밀접한 연관을 갖고 있는 머리(뇌)를 간, 심, 비, 폐, 신의 오장 장기에 더 넣어야 하겠죠."

한의학의 장부는 해부학적인 장기에 국한되지 않는다. 장기가 체표에 나타내는 기능 현상을 망라한 개념이다. 이에 따르면 인체 전신의 조직과 정신활동을 주재, 지배하는 머리도 빠뜨릴 수 없다는 것이다.

오정묵은 그가 보고 깨달은 참모습을 세상 모두와 함께 하고 싶었다. 얼마 전 그는 의사공부 반백년 동안 정성껏 수집, 정리한 비방을 책으로 묶어 20부 인쇄하여 전부 지인과 의사들에게 배포했다. 세상을 함께 나누고 함께 걷고 싶은 뜻에서였다.

여행이 끝나는 그곳에는 바로 그가 자나 깨나 바라는 세상이 기다리고 있었다. 세상사에 시든 몸과 마음을 편안히 내려놓을 수 있는 안식처였다.

"모든 걸 안아줄 수 있고 또 모든 걸 낳을 수 있어요. 바로 땅의 자궁이지요."

천불지산의 여섯 번째 이야기

'천당',
그곳으로 통하는
무지개가 피었네

마치 하늘의 무지개가 불꽃처럼 피어오를 듯했다. 무대 아래에서는 재청의 박수가 거듭 터지고 있었다. 삼청이 이어졌고 또 재창이 반복되었다. 노래를 여덟 곡이나 불렀고 40여분이 넘도록 가수는 무대를 내려설 수 없었다.

그날의 노래판에는 악대의 연주가 없었다. 가수는 풋내기였고 또 급작스레 무대에 올랐던 것이다. 이 때문에 악대는 노래를 위한 악보를 미처 갖추지 못하고 있었다.

"가사 없는 노래라더니… 이번에는 반주 없는 노래였지요. 부지불식간에 마당놀이의 공연장에 뛰어든 것 같은 느낌이었어요."

김흥국(金興國)의 말이다. 그때를 돌이키면서 그는 또 사뭇 흥분한 표정을 짓는다.

그야말로 동네의 흥겨운 마당놀이를 방불케 했다. 무대의 아래위가 모두 어깨를 들썩들썩하고 있었다. 미상불 음악의 천당으로 향한 문이 활짝 열리고 있는 것 같았다. 온 세상이 금세 황홀한 오색의 색깔로 떠오르고 있었다.

김홍국의 이 등단은 실은 뜻하지 않은 사고로 인기되었다. 연길시(延吉市) 꽃노을예술단에 불상사가 일어났던 것이다. 예술단의 톱 가수가 목소리에 갑자기 이상이 생겨 무대에 오를 수 없었다.

"예술단은 이튿날로 동북 3성 순회공연을 떠나야 했는데요. 당장 자리를 채울 인기 가수를 찾아야 했습니다."

모든 순간들은 우연과 필연의 조화이다. 흡사 이때를 기다린 듯 김홍국이 귀신처럼 불쑥 나타났다. 마침 연변인민방송국의 한 음악 편집자가 예술단에 김홍국을 소개했던 것이다. 김홍국은 실은 그 무슨 가수가 아니었다. 한사코 그를 가수라고 부른다면 그보다 가수 지망생이라고 해야 하겠다. 허공에 날릴 노랫소리를 내놓고 손에 쥔 것이라곤 아무것도 없는 백수였다.

김홍국은 원래는 벽을 흙으로 바르는 미장이었다. 열여덟 살 때 길림성(吉林省) 제7건축회사에서 일했다. 고향인 용정(龍井)의 시 정부가 빈곤구제로 찾아준 일자리였다. 앓음자랑을 하는 엄마가 어린 아들 둘을 데리고 사는 집안은 몹시 가난했던 것이다. 맏이인 김홍국은 하루바삐 돈을 벌어 가족을 영위해야 했다. 6월 22일, 이 날짜를 김홍국은 머리에 뼈를 긁어 기억하고 있었다. 너무나도 특별한 날이었다. 마침 그날 독일은 소련을 침공, 세계사에 굵직한 한 페이지를 기록했다. 1986년의 그날은 김홍국의 인생사에도 지울 수 없는 한 페이지를 엮고 있었다. 18살의 나이로 직장생활의 첫걸음을 내디뎠다. 이때부터 김홍국은 6, 7년이나 내처 흙과 회, 시멘트 따위와 '전쟁'을 해야 했다.

"첫 달의 봉급이 단돈 28원이었어요. 지전을 1원짜리로 바꿔서 거듭 세어도 서른 장도 안 되었지요."

봉급은 배고픈 창자를 겨우 달랠 수 있을 정도였다. 급기야 김홍국은 1993년에 하해(下海)를 했다. 그렇다고 뭍을 떠나 바다에 뛰어든 게 아니다. 그때는 공직을 버리고 사업을 벌이는 일을 이렇게 '하해'라고 불렀다. 김홍국은 은행에서 대부금을 받아 담통이 크게 일을 벌였다. 탈이라면 흙이나 회, 시멘트를 벽에 썩썩 바르듯 돈을 버는 일도 쉽게 여긴 게 탈이었다. 1년도 채 안 되어 빈털털이로 한지(閑地)에 나앉았다.

김홍국은 홀로 집에 숨어서 우울하고 슬픈 마음을 달랬다. 노래로 여기저기 터진 상처를 꿰맸다. 즐거워도 노래였고 슬퍼도 노래였다. 실은 어릴 때부터 노래를 몹시 즐겼다. 어린 김홍국의 애창곡은 영화 "반짝반짝 빛나는 붉은 별"의 주제가였다. 이 노래는 1970년대 대륙의 남북에서 흥행하고 있었다.

> 작디작은 뗏목은 강물에 흐르고
> 높디높은 청산은 강기슭에 서있네.
> 용맹한 매는 날개를 한껏 펼치네.
> 바람이 불고 폭우가 쏟아질지언정.

이때 김홍국은 작은 빗자루를 총대처럼 들고 구들 위를 뛰어다녔다. 이 시간만은 영화의 어린 주인공처럼 산을 오르내리는 홍군(紅軍)의 꼬맹이 전사가 되고 있었다. 홍군은 소련홍군에서 비롯된 이름으로 토지혁명 전쟁 시기(1927~1937) 중국공산당이 이끈 인민군대이다. 장정

하던 그 무렵 옛 근거지의 붉은 어린이들이 성장하던 모습은 이렇게 연변의 어느 시골집 이불 위에서 재현되고 있었다. 엄마가 함박꽃을 얼굴에 피웠고 짜개바지의 동생이 새끼오리처럼 뒤뚱뒤뚱 뒤를 따랐다. 가난으로 얼굴의 주름살을 펼 새 없었던 김씨네 집안에는 이때만은 잠시나마 웃음이 호박처럼 데굴데굴 굴러다니고 있었다.

"어릴 때 남의 노래를 곧잘 흉내 냈어요. 그리고 춤도 잘 췄고요. 어른들은 저를 '끼'가 많다고 말씀하시던데요."

그건 몰라도 목소리 하나만은 정말 좋았다. 천성적으로 목소리가 청아했다고 한다. 김흥국은 이날 인터뷰를 하면서 자주 노래를 흥얼거렸다. 그때마다 산속의 시냇물이 갑자기 도랑을 파고 방에 돌돌 흘러드는 것 같았다.

김흥국은 학교 때 노래 경연을 하면 입상 명단에 꼭 이름 세 글자를 올렸다. 김흥국은 늘 그때 그 시절의 노래 한 수를 기억에 떠올린다.

우리네 꽃동산은 언제나 봄동산
어찌하여 곱게 피었나

한때 연변의 동요 세계에서 인기가 하늘을 찔렀던 노래였다. 그 '꽃동산'처럼 김흥국도 미구에 인기가 하늘을 찌를 것이라고 어머니는 입버릇처럼 말했다. 맏아들이 미구에 노래로 이름을 떨칠 것이라고 예언처럼 늘 말하고 있었다.

실제 미장이가 되었어도 김흥국은 흙이 아닌 노래로 그의 세계를 분장하고 있었다. 회사에서 노래 경연을 벌이자 단연 1등상을 차지했다.

그때 수상 작품으로 손거울 화장대를 받았다. 김홍국은 집을 드나들 때마다 화장대에 얼굴을 비쳐보았다. 아, 언제면 거울 속의 저 얼굴이 무대에 오르고 가요세계의 인기가수가 될까.

기회는 운명처럼 불쑥 찾아들었다. 연길에서 '노래교실'을 운영하고 있는 황씨(黃氏)를 만났다. 황씨는 연변의 이름난 작곡가이자 가수였다. 황씨가 그 무슨 일 때문에 김홍국의 어머니를 찾아왔고, 어머니는 아들에게 노래를 가르쳐 달라고 황씨에게 거듭 부탁했다.

몇 해 후 황씨는 가수를 찾는 꽃노을예술단에 노래 제자 김홍국을 소개할 수 있었다. 창법이 남보다 특이하고 개성이 있는데다가 춤도 잘 춘다고 하면서 김홍국이 노래와 춤을 함께 하면 관객의 호응을 받게 되리라고 호언장담을 했다.

이 무명의 '가수'에게 예술단 단장은 처음에는 뜨악했다. 그렇다고 해서 지인의 소개를 무작정 거부할 수 없었다. 김홍국에게 제일 부르고 싶은 노래 한 수를 당장에서 부르라고 했다. 그러자 김홍국은 주저 없이 한국노래 "꽃바람 여인"을 선택했고 무반주로 "꽃바람 여인"을 불렀다.

> 가슴이 터질 듯한 당신의 그 몸짓은 날 위한 사랑일까
> 섹시한 그대 모습 한 모금 담배연기 사랑을 그리며
> 한잔의 샴페인에 영혼을 팔리라 세월의 향기인가
> 다가 선 당신은 꽃바람 여인인가 나만의 사랑
> 사랑의 노예가 되어버렸어 어쩔 수 없었네 꽃바람 여인

저도 몰래 어깨춤이 나왔다. 단장은 '꽃바람'의 노래를 만나 흥거웠고 '꽃바람'의 가수를 만나 즐거웠다. '꽃바람'을 탄 불청객은 곧바로 공연단의 임원이 되었다. 김홍국은 그길로 공연단에 합류하여 이튿날로 타지를 떠나는 차에 앉았다. 미처 공연 의상을 챙기지 못해서 남의 옷을 빌어서 입었다. 김홍국은 공연무대에 처음 올랐지만 그렇게 편하고 즐거울 수 없었다. 첫 공연이었지만 독창이었고 인기가 하늘로 치솟았다. 행운은 그에게 꽃바람처럼 다가오고 있었다.

2002년, 김홍국은 성악시험에 응시하고 연길시조선족예술단에 입사했다. 그때부터 김홍국은 마음껏 노래를 불렀고 마음껏 무대를 밟았다. 정작 큰 무대는 그로부터 10년 후에 올라섰다. 2013년, 중앙텔레비전방송은 제일 아름다운 민족의 목소리를 찾고 신인가수를 추천하기 위한 프로그램인 '가수의 왕자 쟁탈전'을 만들었다. 이 프로그램의 제1기로 몽골족, 티베트족, 위구르족, 회족, 조선족, 이족, 장족 등 7개 민족의 신청자를 층층이 선발하여 각 민족 가수의 왕자 즉 1등 수상자를 선출했다. 최종 선발전은 수도 북경에 가서 중앙텔레비전방송국 음악저널의 무대에서 진행되었으며 전 과정이 방송되었다.

김홍국은 흰 한복 차림으로 무대에 등장했다. 머리에는 흰 끈을 질끈 동여맸고 발목에는 흰 대님을 두르고 있었다. 발에는 버선과 짚신을 신었으며 등에는 지게를 걸머멨다. 발끝까지 논에 나선 옛 시골 농부의 차림새 그대로였다. 이때 그가 부른 노래는 "장백산 기슭은 나의 집"이었다.

‖ 중앙텔레비전방송 음악무대에서 열창하고 있는 김흥국

장백산 기슭은 나의 집
진달래 만발하여 그 어디나 울긋불긋
꽃향기 넘쳐나네
이 세상 그 어느 명산인들
내 고향 장백산에 비기랴
이 세상 그 어느 꽃인들
내 고향 진달래에 비기랴

김흥국은 무대에서 춤을 추고 노래를 했다. 부지중 머리에 산이 생각났고 눈앞에 진달래가 피어나고 있었다. 저도 몰래 머리에 집이 생각났고 눈앞에 어머니가 떠오르고 있었다.

정작 어머니는 아들의 이 방송화면을 보지 못했다. 김흥국은 그가 북경의 방송무대에 올라선 소식을 일부러 어머니에게 전하지 않았던 것이다. 실은 아들이 큰 무대에 서는 모습을 누구보다 더 보고 싶었던 어머니였다. 그러나 방송화면을 만나 너무 흥분되어 심장병이 도질까 근심되었다. 어머니는 이때 병원에서 요독증(尿毒症)으로 혈액 투석을 하고 있었다.

"엄마가 앓을 때면 이상한 꿈을 만나요. 아침이면 집 앞의 꽃밭에 웬 마차가 기다리고 있어요. 꽃밭은 알록달록한 무지개가 내려앉은 듯 아름다워요. 마차도 그처럼 예쁘게 꾸며질 수가 있을까요. 엄마는 그 마차에 선녀처럼 앉아 계시고요. 그래도 저는 마차에 앉지 말라고 한사코 엄마를 끌어당겨요."

마차에서 내리면 어머니는 기적처럼 금방 정상적인 몸 상태로 회복했다. 어머니는 예전부터 이상한 병을 앓고 있었다. 앓기 시작하면 맥박이 거의 뛰지 않았고 혈압이 하강선을 그었다. 의학적으로는 의식불명의 쇼크 상태였다. 그러다가 눈을 번쩍 뜨면 마치 농을 하듯 "내가 잠을 잔 거냐"하고 물었다. 농이라면 너무 무서운 농이었다.

종당에는 어머니를 마차에서 붙잡아 내리지 못했다. 어머니는 끝끝내 무지개 저쪽의 '천당'으로 날아갔다. 잠깐, 하늘에 걸린 오색의 무지개는 그즈음에 문득 중동이 끊어지고 있었다.

"이보다 앞서 집에 이변(異變)이 생겼습니다. 글쎄 개가 어찌어찌하여 지붕을 타고 있었어요. 옛날부터 '개가 지붕에 올라가면 재앙이 생긴다'고 하잖아요?"

김홍국은 어머니의 지인을 급히 불렀다. 오씨(吳氏) 성의 그 지인은 어머니의 병인을 잘 알고 있었다. 더구나 '방토'를 할 줄 알았다. '방토'는 연변에서 사용하는 말인데, 굿을 보고 액막이를 하는 의례를 가리킨다. 소식을 접하자 깜짝 놀란 오씨가 허겁지겁 김씨네 집으로 달려왔다. 뒷이야기이지만, 오씨는 소식을 듣고 나서 뼈까지 12월의 한기가 스며들었다고 한다. 그동안 오늘일지 아니면 내일일지 하고 노상 근심하던 일이 드디어 빵 하고 터졌던 것이다.

오씨는 검정 수탉을 얻어오라고 김흥국을 시켰다. 닭의 볏을 칼로 베서 빨간 피를 어머니에게 마시게 했다. 뒤미처 오씨는 피를 뚝뚝 흘리는 수탉을 바자 밖으로 멀리 내던졌다. "볏이 잘린 수탉이 그냥 달아나면 엄마가 살 수 있다고 해요." 김흥국은 그때의 일을 회억하면서 한숨을 풀풀 내쉬었다. 볏이 잘린 수탉은 흡사 누군가 끌어당기는 것처럼 곧바로 김씨네 집에 다시 기어들더란다.

이때 하늘에 갑자기 난데없는 무지개가 둥글게 피어올랐다. 혹여 어머니의 운명에 길상(吉相)의 징조가 비추는 걸까. 기쁨은 잠깐뿐이었다. 문득 큰 바람이 휙 하니 일더니 땅 위의 나무가 뚝 부러졌고 하늘의 무지개가 산산이 흩어졌다. 징조라면 너무 슬프고 잔혹한 징조였다.

"이번 고비를 넘기면 엄만 여든네 살까지 살 수 있는 명이라고 말씀하시던데요. 그런데 고비를 넘기지 못하신 거지요."

그날은 2013년 7월 30일이었다. 어머니는 남편이 저 세상으로 돌아간 후 꼭 30년 만에 그 뒤를 따라간 것이다. 용정의 동산에 합장을 했다. 김흥국은 어머니가 노상 외우던 말씀이 하나 생각났다. 땅 밑의 세계는 30년 세월을 사이에 두면 백년 부부라도 합장을 못한다는 것. 그렇다면 어머니는 부부의 천상인연을 사후에도 이으려고 그녀의 사망 연한을 일부러 30년으로 딱 그어버렸던가.

알고 싶은 게 많았지만 일일이 읽을 수 없었다. 천문(天門)이 닫혀있기 때문이라고 김흥국이 자탄 삼아 말한다. 아직 때가 안 되었다고 어머니가 천문을 열어주지 않았다는 것이다. 천문은 통상 대궐의 문을 높여 이르는 말이지만, 여기에서는 다른 차원의 세계로 통하는 인간의

'눈'을 말한다.

어머니 노선녀(盧仙女, 일부는 그냥 착할 선-善을 쓰기도 한다)는 실은 이름부터 다른 차원인 선경의 신선이었다. 이 세상에 태어날 때부터 다른 세상의 사람이었다. 워낙 두만강 저쪽의 갑산 출신이었다고 한다. 갑산은 조선시대 중죄를 지어 유배되던 산골이다. 험한 오지인 데다가 겨울이면 극도의 추위가 몰아쳤다. 어릴 때 하마터면 갑산에 송장으로 묻힐 뻔했다. 추위가 아니라 이상한 병 때문이었다. 추위에 떠는 여린 풀처럼 숨이 간들간들했다. 누군가는 어서 지게로 실어서 야산에 버리라고 했다. 기왕 죽는 명인데 집안에 오래 두면 불길하다는 것이었다. 마침 길을 지나던 웬 스님이 들어와서 어린 선녀를 구해주었다. 천명으로 살아난 그녀에게 스님은 선녀(仙女)라고 이름을 달아주었다. 선녀(仙女)는 선경에 사는 여자 신선을 말한다. 훗날 선녀는 이 이름처럼 정말 '여자 신선'이 된다. 아예 동명의 노선녀(老仙女) 즉 오랜 여자 신선으로 읽는 사람도 있다. 결국 이런저런 일로 하여 선녀(善女)로 이름을 바꾼다. 선녀(善女)는 성품이 착한 여자를 말한다. 선인(善因)의 결과로 전생에서 지은 선사공덕(善事功德)을 현세에 나타내라는 것이다. 불법을 믿고 선(善)을 닦는 여자, 불교에 귀의한 여자라는 의미가 된다.

그러고 보면 무명의 스님은 선녀의 미래를 점지하고 있는 듯하다. 그런데 무명의 스님은 또 선녀의 운명에 나타나고 있었다. 그러나 이 스님은 그 스님이 아니었고 스님이 만난 인물도 이번에는 선녀가 아닌 선녀의 아들이었다.

그해는 경술년 개띠 해의 1970년이었다. 개 같은 운명을 타고났다. 아들은 목에 탯줄을 감고 나왔다. 기절한 상태로 세상과 처음 만났다.

기왕 죽는 명이라고 하면서 누군가 어서 산에 실어가서 묻어버리고 했다. 엄마의 울음소리를 먼발치에서 듣고 웬 탁발 스님이 찾아왔다. 아기를 거꾸로 들고 엉덩이를 세 번이나 크게 쳤다. 아기는 뭔가 꾸역꾸역 토해내더니 급기야 하늘이 찢어질 듯 황소울음을 터뜨렸다. 울음소리가 하도 커서 단박이라도 지붕이 날아갈 것 같았다. 그래서 '김흥국(金興國)'이라고 이름을 지었다. 집을 나서고 마을을 떠나 나라를 쩡쩡 울리라는 것이다.

이때 김흥국이 탯줄을 끊은 마을은 더는 양강도의 갑산이 아니었다. 노선녀는 3살 때인 1949년 부모를 따라 두만강을 건넜다. 그녀처럼 심산 벽지의 갑산을 떠난 사람은 어느 시대에도 적지 않았다. 노선녀의 가족은 간도의 화룡현(和龍縣) 현성 동쪽의 동성촌(東城村)에 이주했다. 동성촌은 발해 옛 수도의 고성(古城) 동쪽에 위치한다고 해서 생긴 이름이다.

김흥국의 어린 기억에는 웬 종소리가 울리고 있었다. "저녁이면 대장(隊長, 촌민소조 조장)이 종처럼 보습을 댕댕 두드렸지요."

마을의 종소리에는 실타래의 뜨개가 감기고 있었다. 어머니는 종소리가 나면 뜨갯거리를 손에 들고 집을 나섰다. 남편과 함께 자식을 낳아 기르면서 가족의 행복을 영위하던 여느 시골 여인과 다를 바 없었다. 남편은 동성촌에 있던 하방(下放) 간부였다. 하방 간부는 중국에서 1957년부터 상급 간부들의 관료화를 막기 위해 실시한 운동이다. 이때 도시의 간부와 인텔리를 농촌이나 공장, 광산에 보내 노동 생활을 하게 했다.

김씨 가족은 뒤미처 동성 마을을 떠났다. 1980년대 초 김흥국의 아버지가 용정 개산툰(開山屯)의 철도부문에 재배치되었다. 개산툰은 산을 연 마을이라는 의미이다. 정작 개산툰에서 마을을 열고 나라의 안팎을 놀래게 한 인물은 노선녀였다. 그녀는 천불지산 기슭에 난데없는 굿판을 벌였다. 이 신내림의 '귀신' 이야기는 나중에 천불지산의 하나의 기문(奇問)처럼 전한다.

천불지산 기슭의 개산툰에 이사한 후 이인(異人)은 이상(異象)을 현시(顯示)하였다. 노선녀는 다시 그녀의 옛 이름인 선경의 선녀로 돌아가고 있는 듯했다.

그러나 선녀가 살고 있던 곳은 선경이 아니라 마구간이었다. 개산툰에 이사한 후 김씨 가족은 마구간에 기거했다. 상부에서는 마구간을 일곱 칸으로 조각조각 나눠 일곱 가구에 분여하고 있었다.

김홍국의 기이한 기억은 이 마구간에서 뛰쳐나오고 있었다. 어느 날 소꿉친구들이 닭서리를 했다. 서리는 여럿이 떼를 지어 남의 집 닭을 훔쳐서 먹는 장난이다. 소꿉친구들은 궁핍한 김홍국의 집을 피해 이웃집의 닭장을 남몰래 열었다. 하필이면 알낳이를 한다고 노선녀가 애지중지하던 암탉의 모가지를 틀었다. 마구간에 칸막이로 만든 집들은 서로 생김새가 엇비슷했던 것이다.

그날 저녁, 김홍국은 닭발까지 뜯어먹고 배를 두드리며 집에 돌아왔다. 그런데 문을 열자마자 대뜸 엄마의 넉가래 같은 손바닥이 날아들고 있었다.

"삶아먹은 암탉은 제가 들어서자마자 엄마에게 푸드덕하고 날아오더라고 해요. 친구들이랑 닭서리를 한 걸 엄마는 벌써 '눈'으로 낱낱이 읽고 있었어요. 그때부터 다른 사람은 몰라도 엄마에게는 절대 거짓말을 하지 못하는 걸로 알았습니다."

　그 무렵 노선녀는 늘 홀로 산에 오르고 있었다. 어떤 때에는 야밤삼경에 문을 열고 나섰다. 수림을 찾아 두 손으로 소나무를 잡고 있었다. 산신의 기운을 받는다고 했다. 이튿날 다시 산에 올라 찾아보면 그 소나무는 잎이 노랗게 죽어 있었다.

　집에서도 시도 때도 없이 이상한 일을 하고 있었다. 밥상을 물리지 않은 채 구들에 잠깐 눕고 있었다. 눈을 감고 금방 다른 세상에 들어가고 있었다. 자문자답을 했다. 일인이역이었다. 하나는 노선녀였고 또 하나는 분명 다른 사람이었다. 노선녀는 분명 누군가와 꿈같은 대화를 나누고 있었다.

　"훗날 얘기하시는데요, 비몽사몽으로 만난 그 사람은 아무래도 옛날 갑산에서 엄마를 구해줬던 스님 같다고 해요. 그런데 얼굴에 눈이 두 개가 아니라 올망졸망 많았대요. 징그럽고 무서웠다고 해요."

　스님은 눈만 감으면 노선녀에게 찾아왔다. 스님은 그의 나이가 280살이라고 했다. 그는 눈만 많은 게 아니었다. 코가 주먹만큼이나 컸다. 노선녀를 불러 자주 대화를 했다. 환자가 찾아오기 전날이나 사흘 전이면 처방전의 약을 미리 갖춰놓게 했다. 처방전은 사뭇 이상했다. 아니, 처방은 너무 쉬웠다. 대파나 옥수수의 수염, 부추 등 시골의 흔한 채소가 올랐다. 청개구리의 뼈도 등장했다.

　비방이라면 일명 마장(魔掌)이라고 하는 노선녀의 손이었다. 손으로 기(氣)를 내보낸다고 했다. 약을 종이로 감아 상처부위를 싸맨 후 손으로 만진다. 환자는 금방 환부에 뜨거운 기운을 느낀다. 대개 며칠 혹은 한 주일 후이면 병이 나았다.

‖ 노선녀가 집에서 마장(魔掌)으로 병을 치료하고 있다.

　"거짓말이라고 할 것 같아서 일부 영상을 촬영했어요. 끊어진 뼈를
잇는 화면이랑 뇌출혈의 환자 후유증을 치료한 화면이랑 시초부터 다
영상으로 남겼습니다."

　김홍국은 일부러 비디오카메라를 구입했다. 그때 사용한 비디오카
세트는 아직도 옛 자료로 장롱에 보관되어 있었다. 손목이나 발목을
다쳐 찾아온 시골 사람들이 있었고 눈을 치료하고자 타성에서 찾아온
맹인도 있었다. 밭에서 소를 잃고 찾아온 농부가 있었고 유기된 시신
을 찾기 위해 찾아온 경찰도 있었다.

집 부근에는 노선녀를 찾아온 사람들이 임시 기거하는 '여관방'이 생겨날 정도였다. 김홍국이 보관한 사진에는 병을 떼고 너무 기뻐서 마당에서 너울너울 춤을 추는 환자들의 흥겨운 모습이 그대로 담겨있다. 시력을 확연하게 회복한 타성의 맹인은 인사차로 개산툰을 다시 찾았고 또 양아들을 하겠다고 자청했다고 한다.

노선녀는 신선 같다는 얘기를 들으면서도 일부 환자를 기어이 병원으로 보냈다. 필경 자기는 선경에서 산다는 선녀가 아니라는 것이다.

"어머니의 손으로는 도무지 치료할 수 없는 일이니까, 꼭 병원으로 가셔야 한다고 했어요."

그러나 선녀 같은 일은 자주 벌어지고 있었다. 노선녀는 수술대에 올라야 할 일도 늘 간단하게 완치했다. 언제인가 웬 석녀(石女)가 울면서 그를 찾아왔다. 항간에서 말하는 돌계집으로서 남녀의 애정 행위를 할 수 없고 아이를 낳지 못하는 여인이었다. 병원의 의사들은 생식기 수술을 하라고 권고하고 있었다. 노선녀는 그녀를 기(氣)의 공법(功法)으로 치료 할 수 있다고 말했다. 소문을 듣자 그때 용정에 있던 기공(氣功) 대가들이 줄레줄레 개산툰에 찾아왔다. 수술을 하지 않고 어떻게 치료할지 궁금했던 것이다. 노선녀는 석녀의 그곳에 한동안 손을 대고 오르락내리락 만졌다.

"1개월 만에 석녀라는 이름을 뚝 떼 버렸고요, 그 후 자식을 낳아서 사진까지 보내왔더라고요."

그즈음인 지난 세기 80년대 중국 대륙에서 기공(氣功) 열풍이 일어나고 있었다. 이때 기공은 개혁과 개방이 시작된 그때의 특수한 환경에서 사회와 정신 수요를 표현하기 위한 주요한 경로가 되고 있었다. 민

‖ 병을 치료한 사람들이 기뻐서 노선녀의 집마당에서 춤을 추고 있다.

간종교나 신종교가 아닌 일종의 사회운동이었다. 기공간행물, 기공요양원, 기공표현이 각 지역에 파급되었다. 기공은 양생 방법으로부터 점차 '특이기능(特異功能)' 전시회로 변했다. 기공 대가들의 '특이기능'을 두고 전설이 전했다. 일부 대가는 기공으로 잡다한 병을 치료하며 지어 암 등 불치의 병도 고친다고 했다. 기공은 중국에서 거대한 양생과 치료 시장을 형성했다. 기공활동은 심지어 관방과 과학계, 군부 인사들의 긍정을 받았으며 기공대가(大師)는 수련자들의 열광적인 사랑을 받았다.

이때 중국의 제일 신비한 부문인 507소(所)는 인간의 특이기능을 연구했다. 507소는 항간에서 초자연연구 기구로 전하는데 실은 중국인 민해방군 제507소의 약칭으로 주요하게 '인체과학'을 연구했다. 항공 우주선을 발전하는 전반 계획에서 507소는 항공우주의학의 종합연구 와 우주인의 선발, 훈련을 담당했다. 한때 특이기능 연구에 열중했던 전학삼(錢學森)은 1983년부터 1987년까지 507소에서 전문 100여 차례 의 발언과 보고를 했다고 전한다. 초능력자로 전하는 인사들이 507소 에 모여 원격투시, 통령(通靈), 미래 예측 등 실험을 했다. 참고로 전학 삼은 '중국 항공우주의 대부'로 불리는 사람이다. 그는 또 중국인체과 학연구회의 명예 이사장을 역임했다. 이 연구회는 1986년에 창립, 인 민해방군의 장진환(張震環) 장군이 이사장을 역임하고 있었다.

이 시기 관방 혹은 반관방의 기공연구회가 도처에 설립되었으며 수 련자들은 수련의 이름으로 집결, 부동한 사회 배경과 계층 지역을 연 계하고 있었다.

개산툰에 병 치료를 왔던 용정시의 허씨(許氏) 성의 노인이 이 소문 을 노선녀에게 전했다. 허씨가 보기에는 노선녀가 바로 특이기능의 소유자이었으며 또 누구보다도 대단한 수준급의 수련자였다.

얼마 후 노선녀는 길림성(吉林省)의 소재지 장춘(長春)에 갔다. 길림성 인간잠재기능과학연구회의 고찰, 확인을 받아 노선녀는 초능력 '천리 안'과 예측기능 그리고 잔존 정보의 식별능력, 감응 진단과 투시, 치료 능력을 인정받았다. 길림성기공학회의 기공사(氣功師) 증명서를 받고 용정으로 돌아왔다. 뒤미처 용정 특이기능인체과학연구소의 확인을 거쳐 특이기능사(特異功能師) 증명서를 받았다. 이 분야에서는 전국적으 로 용정시 특이기능인체과학연구소가 유일했다. 연구소의 소장으로 있었던 오씨에 따르면 용정의 특이기능 시험에는 제1진으로 70명이 참가했다. 이른바 특이한 기능을 소유했다고 자처하는 동북 3성의 기공 수련자들이 시험에 참가했는데 와중에는 조선족이 아주 많았다. 특이기능 증명서는 그 후 정부적으로 지령이 더 내리지 않아서 제1진의 18명으로 그쳤다. 참고로 용정시 기공특이기능인체과학연구소는 1988년부터 시작, 1992년 정식 설립되었다. 중국기공과학연구회에 의해 동북 지역에서는 유일하게 중국 3대 모범 기공과학연구회로 선정되었다.

노선녀와 그녀의 특이기능 사건 시말을 듣고자 우리는 오씨를 특별히 만났다. 오씨는 노선녀의 특이기능 시험에 참석했고, 또 그 후 오랫동안 노선녀와 친분 관계를 갖고 있었다. 노선녀의 적지 않은 기능은 정말 신기했다고 오씨는 기억한다.

"아직도 해석할 수 없는 일들이 많았습니다. 그때는 노선녀를 기공사요, 특이기능사요, 뭐요 하고 말했지만 지금 보면 무당(巫堂)이나 점쟁이가 아닐지 합니다."

실은 영혼이 옮겨 붙어서 외부의 초자연적인 힘의 통제를 받는 신내림이었다는 것이다.

기공의 열풍은 미구에 파룬궁(法輪功)의 하락세와 함께 잦아들었다. 파룬공은 1992년 길림성 장춘시를 중심으로 전파되었던 기공 수련법이다. 불교와 도가를 기반으로 여러 문화를 덧붙여 만들었다. 20세기 말, 파룬궁은 중국 정부에 의해 '사이비 종교'로 판정, 단속을 받았다. 이에 따라 특이기능의 열풍도 차츰 식어버렸다. 실제로 바늘을 물에 띄우고 허공의 물건을 상하좌우로 움직이는 등 특이기능이라고 했던 적지 않은 공법(功法)은 마술(魔術)의 눈속임으로 알려졌다.

‖ 중국 의학기공학회의 학술회의에 유일한 조선족으로 참석한 노선녀,
치마저고리의 차림이 특이하다.

그렇다고 해서 기공학술조직의 전부가 부인, 해체된 것은 아니었다.
북경 세계의학기공학회는 계속 정상 운영되었다. 세계의학기공학회
는 1988년 창립, 최월리(崔月犁) 위생부 부장이 회장을 역임하고 있었
다. 세계의학기공학회는 정기적으로 기공 학술과 교류활동으로 세계
의학기공학술교류대회를 조직하기도 했다.

노선녀는 일찍 기공 열풍이 한창 일어나고 있던 1996년, 처음으로
열린 세계 정상급의 이 기공학술교류대회에 참석하였다. 교류대회에
는 수십 개 나라와 지역에서 온 800명의 기공 수련자가 참석하고 있었
다. 중국에서 400명, 와중에 연변에서는 노선녀가 단 한 명의 참석자
로 되어 있었다.

이때 뜻하지 않는 이변(異變)이 일어났다. 스위스 기공협회의 부주석은 관절염 때문에 걸음걸이가 불편했다. 그는 때마침 이번 교류대회를 만났다고 하면서 현장에서 관절염을 당장 치료할 수 있는 기공사를 주문했다. 그런데 여기저기서 '뛴다', '난다'고 자랑하던 사람들이 슬며시 뒤로 몸을 움츠렸다. 나중에 현장에 나선 사람은 노선녀가 유일했다. 그녀는 예전처럼 또 손바닥으로 환부를 살살 만졌다. 그러자 환자는 환부에서 대뜸 따뜻한 기운이 느껴진다고 했다. 환자의 관절염은 당장에 나아졌다. 노선녀의 마장(魔掌)은 노란 눈과 까만 눈을 모두 경탄으로 몰아넣었다. 외국말은커녕 중국말도 잘 못하는 시골의 이 '특이기능사'는 이번 교류대회의 '신선'으로 떠올랐다.

기공 열풍이 사라진 2006년에도 노선녀는 기공학술교류대회에 초청을 받았다. 제5회 세계의학기공학술교류대회의 단체사진에는 한복 차림의 그녀가 유표하게 안겨온다.

아들 김흥국도 무대에 등장하여 소문을 놓는다. 그러나 기공사나 무당은 아니었다. 동네방네 인기 있는 가수였다. 연길시조선족예술단은 임원이 160명, 와중에 가수가 16명이다. 1년 무료 공연이 200회로 5월 초부터 10월 말까지 공연이 지속된다. 혹간 객석의 분위기가 따분하여 노래로 흥을 올리는 자리에는 늘 김흥국이 나타나고 있었다.

> 남몰래 기다리다가
> 가슴만 태우는 사랑
> 어제는 기다림에
> 오늘은 외로움

그리움에 적셔진 긴 세월
이렇게 살라고 인연을 맺었나

한국 노래 "미운 사랑"이다. 솔직히 저 세상으로 일찍 떠나버린 어머니가 미웠고 야속했다. 김홍국은 어머니가 생각나면 노래를 불렀다. 천당의 어머니에게 아들의 노래를 들려준다고 생각했다. 노래는 시공간을 뛰어넘는 모자 둘 뿐만의 소통이었다. 또 노래로 약자와 소통하고 그들을 도와주고 싶었다. 김홍국은 자주 무대에서 내려 약자를 품에 안았다. 요양원이나 복지원으로 가면 자청해서 노래를 한곡이라도 더 부르려고 했다.

"저도 엄마처럼 아픈 사람을 도와주고 치료를 하고 싶어요. 제가 가진 것을 다른 사람들에게 베풀어주고 싶습니다."

실제로 노선녀는 환자를 도와 치료를 하다가 불치의 병을 얻었다. 노선녀는 환자를 치료할 때 동일한 부위에서 동일한 통증을 함께 느끼고 있었다. 남의 병을 자기의 몸으로 받고 치유를 했던 것이다. 몸에 들어온 병을 다 밀어내지 못하면 본인의 병으로 남는다. 그래서 치료에 너무 힘들고 기력이 크게 떨어지는 병은 손을 대지 말라고 지인 오씨가 거듭 부탁했다고 한다. 특별히 심한 요독증 환자는 아예 거부하라고 했다. 그러나 노선녀는 그녀에게 도움을 요청하는 사람을 매몰차게 밀어버리지 않았다. 결국 그녀는 요독증을 크게 앓았고 종국적으로 이 요독증으로 사망했다.

저 세상에 간 후에도 노선녀는 자주 아들을 찾았다. 꿈에 문득문득 나타나 아들을 만났다. 무슨 말인가 전하기도 했고 또 무슨 부탁인가

‖ 노선녀에게 발급되었던
연변 용정의 해당 증명서

하기도 했다고 한다. 김홍국에게 어
머니가 제일 바라는 게 하나 있었다
고 말한다.

"저 보고 노래로 꼭 성공하라고 해
요. 꼭 성공할 수 있다고 해요."

정말로 김홍국은 노래에 남다른 눈
과 목소리의 천부를 갖고 있는 것 같
았다. 콩나물이 너울거리는 오선보를
잘 읽지 못했지만 노래는 누구보다
못지않게 잘 부를 수 있었다. 언제인
가 그가 용정의 어느 무대에 올라 소
리를 뽑자 고향 사람들은 누구 할 것

없이 절찬을 했다. 하늘에서 들리는 천사의 노래 같다고 했다. 신 같은
엄마의 신들린 아들이라고 했다. 과연 엄마는 천당의 그 세계에서도
사랑하는 아들을 목청껏 응원하고 있었던가.

그토록 많은 노래를 부르면서도 김홍국에게 남달리 즐기는 노래가
하나 있었다. 몽골족의 노래 "천당"이었다. 연길시조선족예술단에 가
수시험을 치게 되자 첫 곡으로 선곡한 게 바로 이 "천당"이었다.

     푸르고 푸른 하늘이요
     파랗고 파란 호수물이라네
     아
     푸른 초원아

여기가 나의 집이라네

…

나의 집이여

나의 천당이여

아들의 거처는 종국적으로 절이 될 것 같다고 어머니가 말했다. 그게 바로 아들의 천당이라고 거듭 말하더란다. 아들이 어머니의 뒤를 따라 무당이 된다는 의미였다.

어릴 때부터 무당이 될 숙명은 몸에 드러나고 있었을까, 예전에 소꿉친구들은 늘 김홍국을 두려워했다고 한다. 누군가의 집에서 누가 앓을 것 같다고 말하면 금방 그런 일이 생겨났던 것이다. '특이기능'을 가진 엄마의 귀신이 붙은 것 같다고 했다. 지금도 어느 집에 들어서면 갑자기 이건 어디에 놓아야 한다, "저건 잘못 놓은 위치이다" 하고 말문이 터진다.

"이 세상에는 저에게 천문을 열어줄 사람이 있다고 해요. 엄만 그분이 저를 인도할 거라고 저에게 얘기하고 가셨어요."

아무것도 없는 허공에 무지개가 노래처럼 곱게 피어 있었다. 쥐일 듯 말 듯 반달 모양의 다리를 놓고 있었다. 이 땅과 저 하늘을 한데 잇고 있었다. 원(圓)의 그 세계에는 시작도 없었고 끝도 없었다.

천불지산의 일곱 번째 이야기

흙부처와 금부처
그리고 구렁이

이름 그대로 풀이하면 그녀는 봄날에 핀 꽃이었다. 그러나 꽃이 피는 봄이 아니라 한겨울의 1월에 태어났다고 한다. 나중에 그녀는 춘화(春花)라는 이 이름을 바닥까지 싹 뜯어고쳤다. 조연(照淵), 이름 그대로 풀이하면 해가 비추는 못이다. 그렇다고 꽃을 기르는 물을 위한 건 아니었다. 사주에 부족한 오행을 보충하기 위해 일부러 이 이름을 지었다고 한다.

　　"비출 조(照)는 불 화(火)에 속하고요, 못 연(淵)은 흙 토(土)에 속해요. 저의 성씨인 쇠 김(金)이 나무 목(木)에 속하니까 목생화(木生火), 화생토(火生土) 이렇게 사주 오행에 맞춰 놓은 거지요."

　　용정(龍井) 시가지 중심의 모 호텔에서 김춘화를 만났다. 용정의 이름을 만든 옛 우물은 바로 이 호텔의 부근에 있었다. 크고 작은 이왕지사는 용두레를 타고 땅 위에 용솟음치고 있었다.

　　창밖은 우물의 물처럼 일색으로 하얗다. 초봄의 용정에 갑자기 함박

눈이 쏟아졌다. 밤새 퍼부은 도적눈은 발목을 넘고 있었다.

김춘화라는 이 이름은 결코 새로 생긴 이름으로 덮어지지 않고 있었다.

"(절차 문제로) 호적대장(戶口, 호구)에 새 이름을 올릴 수 없었습니다. 지금도 위쳇(중국 카카오톡)의 애칭으로 적히고 또 사주 방토를 하는데 쓰이고 있을 뿐이지요."

그러고 보면 김조연은 공식적으로는 그냥 존재하지 않는 인물이다. 그럼에도 그녀의 이 비밀스러운 이름을 구구절절 글에 적는 이유는 따로 있다. 김조연이라는 이름으로 다른 세계에 통할 수 있는 이야기가 있기 때문이다. 그 세계는 인간의 눈으로 볼 수 없고 귀로 들을 수 없는 땅 밑의 세계이다.

아무래도 인명(人名)을 떠나 지명(地名)부터 이야기해야 할 것 같다. 결론부터 이야기한다면 바로 그 땅이 그 사람을 만들고 있었다.

사실상 그 사람을 만든 그 땅은 하나가 아니었다. 땅의 그 고향 마을을 김춘화는 여러 번이나 옮기고 있었다. 그녀가 탯줄을 끊은 곳은 하오동이었다. 하오동은 용정 시내 동남부의 덕신향(德新鄕)에 있었다. 잠깐, 이 하오동은 오후의 동네라는 의미가 아니다. 광서(光緒, 1875~1908) 초년, 오씨(吳氏) 성의 사람이 그 일대의 땅을 독차지하고 있다고 해서 오씨 동네라는 의미의 오동(吳洞)이라고 불렸다. 이에 따라 위쪽의 동네를 상오동(上吳洞), 아래쪽의 동네를 하오동(下吳洞)이라고 불렀다는 것이다. 그런데 중국말로 지명을 기록하면서 성씨의 나라 오(吳)는 나중에 동음이의어의 부드러울 우(優)로 탈바꿈을 했다. 오씨 동네는 줄지에 좋고 넉넉한 동네라는 의미의 우동(優洞)으로 둔갑했다.

마을의 성씨를 바꿨지만 오히려 우동 이름이 훨씬 귀맛을 당긴다.

‖ 오봉산이 멀리 보이는 우동마을, 거개 폐가로 되어가고 있다.

하긴 반도에서 살던 조상들은 바로 이처럼 넉넉한 삶을 위해 산을 넘고 강을 건너지 않았던가. 김춘화의 가족은 조부 때 반도의 고향을 떠나 오랑캐 령을 넘었다고 한다. 오랑캐 령은 반도를 떠나 간도에 들어서는 상징적인 경계물인데, 덕신향의 남쪽으로 몇 십리 떨어진 두만강 기슭에 있다.

얼마 후 김춘화의 부모는 더 좋은 땅을 찾아 또 고향을 떴다. 김춘화가 세상에 발을 딛기 시작한 세 살쯤이었다. 그들은 또 산을 넘고 강을 건너 북쪽의 태양향(太陽鄕)에 이삿짐을 내려놓았다. 태양향은 경내에 있던 태양사당으로 이름을 지은 곳이다. 솔직히 죽은 사람의 신주를 모신 사당은 이때부터 김춘화와 그 무슨 인연을 만들고 있지 않았을까 한다. 김춘화는 미구에 죽은 사람의 택지(宅地)와 불가불의 관계를 맺는다.

정작 눈 밖의 그 세계는 김춘화의 세 번째 고향에서 차츰 윤곽을 드러나고 있었다. 뒤미처 김춘화는 다시 남쪽으로 크고 작은 고개를 넘었다. 이번에는 용정 중부의 광신향(光新鄕) 대성촌(大成村)에 행장을 풀었다. 그때 김춘화는 여섯 살의 나이였다. 인제 세상을 막 읽기 시작하던 무렵이었다.

마을의 동쪽 산비탈에는 올망졸망한 초가처럼 바위가 많았다. 그래서 부암툰(富岩屯)이라고 불리고 있었다. 훗날 초급사를 제일 먼저 시작한 곳이라고 해서 대성촌 제1대(隊, 촌민소조)로 되었다. 초급사는 농업자료의 사유제(私有制)를 기초로 한 농민 협력의 경제조직으로 1956년에 전국적으로 139만 여개의 최고봉을 이뤘다.

"예전에 노인들은 대성촌이라고 하면 잘 몰랐습니다. 원래는 대불동(大佛洞)이라고 불렀거든요."

김춘화의 어린 기억에도 대불동은 대성촌이라는 이름보다 더 깊숙이 뿌리를 내리고 있었다. 그때 마을 남쪽의 고개를 넘어 산비탈에는 또 소불(小佛)의 사찰이 있었다고 한다. 대불동은 큰 불상을 모신 절이 있다고 해서 지은 이름이다.

대성촌(大成村)은 1948년 토지개혁 때 고친 이름이다. 소성(小成)을 합쳐 대성(大成)이요, 크게 이룬 큰 인물이 부처이니 결국 대성이자 대불,

‖ 대불동에 유일하게 있었던 팔간초가, 토박이 전씨 노인이 이 초가에서 살았다

큰 부처이다. 밤나무는 밤이 아닌 낮에 보아도 밤나무인 법이다. 대불
동을 대성촌으로 개명했다고 하지만 실은 그 식이 장식이다. 거룩한
부처님의 하늘 같은 지명을 기어이 다른 이름으로 고치고 숨긴 이유가
궁금했다.

　인터뷰 도중 김춘화가 밝히는 이야기가 좌중에 한바탕 웃음주머니
를 터뜨린다.

　"동네 노인들이 그러시는데요, 예전에 이웃 마을의 사람들에게 대불
동의 사람들은 늘 놀림거리로 되었다고 해요. 그래서 이름을 바꿨다
고 하는데요."

대불동을 발음 그대로 해석하면 큰 불알의 골짜기이니, 대불동의 사람들은 골짜기에서 쭉 뽑혀 나온 불알이라는 것이다. 불알은 항간에서 고환을 이르는 속말이다. 자의든 타의든 축축한 음담패설은 그림자처럼 대불동 사람들의 뒤를 따르고 있었던 것이다. 정말로 대불동 사람들이 가진 것이라곤 달랑 불알 두 쪽밖에 없었을까….

대불동은 논이 없고 밭만 있으며 옥수수와 조, 보리가 주식이다. 그밖에 돈벌이로 담배를 약간 심고 있었다. 설 같은 큰 명절이 아니면 흰쌀밥을 밥공기에 담기조차 힘든 두메산골이었다.

"그래도 우박이나 장마가 생긴 적 없고 가뭄이 든 적 없다고 해요. 우리 대불동은 하늘이 종래로 배를 굶지 않게 한 곳이래요."

김춘화는 대불동 전씨(全氏) 노인의 얘기를 들려줬다. 전씨의 노인은 올해 92세로 마을의 토박이다. 그녀는 사람들을 만나면 노상 살아 생존에 마을에서 재해를 한 번도 만나본 적 없다고 자랑한단다.

예전에 대불동에는 거개 집안 친척들끼리 한데 모여 살고 있었다. 부암이니 뭐니 하는 이름을 앞서 광주 이씨가 동네를 이루고 있었다. 전씨 노인이 이씨 가문에 며느리로 들어오던 1947년 동네에는 14가구가 여기저기 흩어져 살고 있었다. 그 후 박씨, 김씨 등이 가세하면서 동네는 약 40년 만에 두 배로 늘어나 28가구가 되었다.

마을의 이름을 만들었던 부처는 실은 하나만 있은 게 아니었다.

"큰 부처님은 서쪽의 산비탈에 있었어. 작은 부처님은 새타얀(흰) 샘물이 나던 사물개(샘물가) 저쪽에 있었다고 해. 옛날 절간(사찰)에 기와장이 남아있었어."

전씨 노인의 말을 따른다면 마을 부근의 소불과 대불이 내내 마을 사람들을 신변에서 수호하고 있었을지 모른다.

그래서일까, 부처님의 가르침을 배우고 수행하는 웬 스님이 어린 김춘화에게 비몽사몽으로 등장하고 있었다.

"나이 지숙한 스님이었는데요. 걸망을 메고 길을 걷다가 우리 집 앞에 잠깐 멈춰서요. 근처에 박우물도 있었지만, 그렇다고 물을 길어 마신 건 아니었습니다. 스님은 길가의 나뭇잎이나 풀을 따서 걸망에 챙겨 넣으시는 거예요."

이윽고 스님은 마을 북쪽으로 스적스적 바람처럼 멀어졌고 홀제 나무에서 떨어지는 잎사귀처럼 흔적 없이 사라졌다. 왜서 스님은 언제나 저쪽으로 가실까, 왜서 스님은 다른 애들에게는 나타나지 않고 나에게만 자꾸 오시는 걸까….

어린 김춘화에게는 늘 아리송한 물음들이 물방울처럼 불쑥불쑥 떠올랐다.

스님이 그의 처소처럼 찾아가던 마을의 동쪽에는 바로 지명 대불동을 만든 옛 사찰이 있었다. 김춘화가 그 사실을 알게 되었을 무렵 꿈같은 신비한 체험을 만난다. 곧 인생의 첫 띠 돌림을 하게 되는 열한 살의 나이였다.

"가끔씩 엉뚱한 생각을 하는데요, 제가 전생에는 혹시 사찰의 비구니가 아니었을까요?"

그즈음 김춘화가 열심히 다녀오는 그녀만의 비밀스러운 장소가 있었다. 마을 부근에 있는 산등성이의 너럭바위였다. 너럭바위는 어린이의 작은 침대만큼 컸는데 옆에 발을 친 듯 바람이 잔잔했다. 그 바위에 다소곳이 앉아있거나 잠깐 누워서 잠을 잤다. 그때면 김춘화는 도인의 수련 장소에 온 것처럼 머리가 편하고 마음이 개운했다.

산등성이의 너럭바위는 결국 자취를 감췄다. 구경 언제 어떻게 소실되었는지 모른다. 서른 살 무렵, 넓은 세상을 얼추 구경하고 난 김춘화가 다시 고향을 찾았을 때 너럭바위는 감쪽같이 보이지 않고 있었다.

수련 장소는 특이한 공간이며 또 특이한 대상물을 갖고 있다. 그 모두가 허상에 지나지 않는다는 걸 안다면 더는 특정된 어느 한곳에 집착하지 않게 된다.

옛날 만났던 너럭바위도 참모습이 아니고 한낱 허깨비 같은 허상이었을까….

김춘화를 만날 그 무렵 웬 점술가(占術家)의 후손이 저자를 찾아왔다. 후손 김씨의 선조는 한때 반도의 왕실 점성가(占星家)였다고 한다. 어느 해 전란이 일어나자 김씨의 선조는 태사와 함께 왕릉의 지도와 천상도(天象圖) 등을 불에 태우고 왕궁을 빠져 나왔다는 것이다. 김씨 가족이 만주의 목단강(牡丹江)에 이민한 것은 한일합병이 이뤄지던 1910년경이었다. 그들은 나중에 용정의 백금(白金), 화룡현(和龍縣)의 용화(勇化) 등 이곳저곳을 전전하다가 얼마 전 연길에 정착하였다.

궁실 점성가의 이 이야기를 한국의 어느 학자에게 꺼냈다. 김씨의 가족사는 우리 조선족 천년 역사의 공백을 메우고 있었다. 어디가나 자랑하고 싶었다. 그런데 학자는 대뜸 소설을 말하고 있는 게 아닌가 하고 되묻는 것이었다. 내용 자체가 너무 엉뚱해서 거짓말처럼 들린다는 것이었다.

사실상 점성가 가문의 항렬 돌림자는 아직도 김씨에게 일부 전하고 있었다. 28수(宿, 별자리)에 따른 특이한 돌림자였다. 수백년을 내려온

점성가 가족의 이야기를 증빙하는 한 대목이었다. 그리고 점성가 가문의 정통 계승자에 대한 괴이한 이야기, 또 가문에 비밀리에 전승되고 있다고 하는 늑대 왕과 왕후의 신주(神主)는 허상이 아닌 참모습으로 등장하고 있었다.

아쉽게도 특정 조대마저 밝히기 힘든 김씨의 가족사는 소설로 읽히고 있었다. 누가 뭐라든지 망실된 실존은 거개 인간의 상상으로 빚어낸 허상의 존재로 간주되고 있는 것이다.

현재로서는 김춘화의 고향 마을 역시 옛 이름을 망실하고 있었다. 대불동의 네 동네는 옛날의 형(形)과 상(像)을 다 상실하고 있었다. 함경북도 회령 이주민들의 마을이라는 의미의 회령촌(會寧村)은 동산의 많은 바위들을 지명에 옮겨와서 부암툰(富岩屯)으로 개명했고 송씨네 동네라는 의미의 송개지팡(宋家地方)은 마을 가운데의 벌 위치만 남아서 중평(仲坪)이라고 불리고 있으며 함경북도 명천 이주민들의 마을이라는 의미의 명천촌(明川村)은 동네 뒤에 솟은 정자 모양의 소나무로 송정(松亭)이라는 이름을 달리 남겼다. 이마저 다시 그 무슨 부대 번호처럼 1대, 2대, 3대, 4대의 촌민소조 명칭으로 바뀌었다.

종국적으로 눈과 마음에 담고 있던 그 조선마을은 더는 없었다. 토박이 조선족들이 하나둘씩 자리를 뜨고 있었고 그 빈자리를 타지의 한족들이 차츰 메우고 있었다.

"어떤(일부) 사람들은 우리 마을을 또 부채골이라고 부르는데요, 부처님을 모시던 골짜기라는 부처골의 와전입니다."

대불동의 회억도 언제인가 단체 기억에서 이처럼 '부채'로 펼쳐지지 않을지 모른다.

적어도 이 이야기는 절대 그렇지 않다. 꿈으로 시작하지만 분명히 햇살 같은 현실로 나타나고 있다. '부채'처럼 화려하게 펼쳐지고 있지만 분명히 허상의 신기루는 아니다.

어느 날 저녁, 김춘화의 꿈자리에 웬 구렁이가 불쑥 나타났다. "열한 살 때였어요. 참으로 이상한 정경을 만났는데요…."

"산에서 큰 구렁이가 흙부처를 엉키고 불을 뿜고 있었어요. 그렇지만 전 겁이 나지 않았어요. 무슨 담통이 생겼는지 도끼를 휘두르면서 달려들었거든요. 그러자 구렁이는 홀연히 사라졌어요. 구렁이가 사라지니 흙부처의 몸에서 흙이 우수수 떨어지는 것이었어요. 나중에 보니 금빛이 번쩍번쩍 나는 금부처였어요. 흙부처는 원래 흙으로 원형을 감춘 금부처였던 거예요."

이튿날 김춘화는 눈을 뜨자 그 산으로 허겁지겁 올랐다. 흡사 몽유병에 걸린 듯했다. 하도 꿈이 생생해서 꼭 다녀오고 싶었다. 그곳에 당도하자 구렁이를 만난 듯 금방 머리칼이 꼿꼿이 곤두섰다. 꿈속에서 눈에 익었던 그곳에는 흔적이 확연히 찍혀 있었던 것이다.

엊저녁의 꿈은 결코 꿈이 아닌 듯했다. "글쎄요, 제가 정말 금부처를 위해 구렁이를 쫓아냈을까요?"

산비탈의 거기에는 워낙 풀만 자라고 나무가 없었다. 그래서 더구나 생땅과 풀을 헤친 흔적이 생생했다. 땅을 둥글게 파고 풀을 넘어뜨리고 있었다. 그러나 부처는 없었고 구렁이도 없었다. 꿈일까, 생시일까… 차라리 어제저녁에 만난 그 꿈이 그저 꿈이었으면 싶었다. 김춘화는 무아몽중에서 허겁지겁 산을 내렸다.

이번에는 꿈의 허상이 아니었다. 구렁이는 얼마 후 끝내 김춘화와 마주하고 있었다. 학교를 졸업한 어느 날 그녀는 갑자기 산을 찾고 싶었다. 누군가의 부름을 받은 듯 부리나케 산에 올랐다. 갑자기 찬바람이 휙 하니 일어나는 것 같았다. 큰 구렁이 한 마리가 나무 그루터기에 웅크리고 있었다. 꿈속에 나오던 부처는 없었고 도끼도 없었으며 구렁이만 있었다. 김춘화는 몸뚱이가 얼어붙은 듯 그 자리에 장승으로 굳어서 서있었다. 웬일인지 구렁이는 금방 소리 없이 산속으로 기어 들어가는 것이었다. 급기야 김춘화는 달음을 놓아 집에 돌아왔다. 그때를 기다린 듯 불시에 우레가 울고 번개가 치면서 장대비가 쏟아지고 있었다. 졸지에 벌어진 이상한 일이라서 어머니나 아버지에게 입을 열고 해석을 할 수 없었다. 그녀만의 비밀로 간직되었다.

실제 어릴 때부터 김춘화의 몸에는 이상 현상이 자주 나타나고 있었다. 이 기현상은 번마다 부모님을 기겁하게 만들었다. "갑자기 이유 없이 몸이 굳어지고 반나절이나 꼼짝하지 못했어요. 의사는 이것저것 살펴보다가는 '멀쩡한 애인데….'하고 머리를 절레절레 흔들었어요. 도무지 영문을 알 수 없다고 했지요." 그러다가 2, 3시간 후이면 거짓말처럼 김춘화의 굳은 몸은 슬그머니 풀려났다. 마치 그 무슨 귀신이 들린 것 같았다. 어린 김춘화는 또 낮이면 혼자 산에 가서 몇 시간이나 잠을 자고 오기도 했다. 세 딸 가운데서 둘째 딸 김춘화에게 엄마는 하늘에 기도하듯 손을 싹싹 비비고 있었다. 다른 딸처럼 부자가 되라거나 남편을 잘 만나라는 그런 바람이 아니었다. "에그, 이 딸내미가 보통 인간으로 살 수 있으면 정말 시름을 놓을 것 같구나."

기실 시름을 놓을 수 없는 건 둘째 딸이 아닌 엄마였다. 엄마는 한 달이 멀다 하고 시름시름 앓았다. 시골에 사는 농부에게는 약이 따로 없었다. 산과 들의 풀과 나무, 열매, 뿌리가 곧 약이었다. 할아버지는 조상 때의 비방을 갖고 있었지만, 아쉽게도 며느리의 늑막염에 쓸 수 있는 처방이 아니었다. 위염에 특효가 있는 가문의 비방이었다. 이 비방이 둘째 손녀 김춘화에게 전승된 것은 오랜 훗날의 이야기이다. 김춘화는 할아버지를 따라 어릴 때부터 약초 등속의 식물 이름을 적지 않게 익히고 있었다.

본의 아니게 아버지가 가족 이야기에서 빠진 것 같다. 바퀴가 덜컹 빠지면 수레인들 움직일 수 있던가.

"차 고장이 나서 우리 집을 찾는 길손이 적지 않았어요. 그들은 당연히 아빠의 손을 빌었지요."

김춘화의 말이다.

장을 보러 시가지로 다녀오는 우동 마을의 길손이 집을 지났다. 산에 도끼 나무를 하러 다녀오는 땔나무꾼도 집을 지났다. 바로 길가에 집이 있었다. 또 아버지는 철공과 목공에 다 능숙했다. 지금도 마을의 노인들은 지금도 가대기만큼은 그가 만든 가대기처럼 쓰기 좋고 쉬운 게 없다고 외운다고 한다. 그러나 길손은 손재간보다는 마음씨 때문에 아버지를 찾는 것 같다. 아버지는 차를 수리할 공구가 없으면 남의 집까지 찾아갔고 또 엄마를 시켜 길손에게 밥을 지었다.

그런데 어린 김춘화에게는 왜서 낯모를 길손이 찾아들었을까. 소학교 2학년 학기말 전날의 이야기이었다. "하얀 옷을 입은 할머니가 오셨는데요, 저의 머리맡에 앉아서 나무껍질처럼 터들터들한 손으로 부채질을 하듯 머리를 자꾸 쓰다듬는 거예요."

마치 김춘화가 머리에 넣고 있던 모든 것을 싹 씻어버리려 하는 것 같았다. 김춘화는 금방 머리가 하얗게 비어버린다. 그녀는 이튿날 시험장에서 수학 시험지를 백지장 그대로 바쳤다. 영점이었다. 담임교원 최씨는 어처구니가 없었다. 그녀는 사무실에 김춘화를 불러 다시 시험을 보게 했다. 만점 백점이었다. 최씨는 한심하다면서 혀를 끌끌 찼다. 그렇지 않아도 김춘화는 평소 공부를 잘하기로 소문난 학급의 귀동녀였다.

"춘화야, 네가 귀신에게 홀린 거냐, 이게 도대체 뭐지?"

정말로 귀신에게 잠깐 홀린 것 같았다. 그때는 대성 마을에서 북쪽의 신화(新化) 마을로 10리 길을 걸어서 학교를 다녔다. 학교 부근에 까닭 없이 숨진 길손이 있었다. 여자 애들은 금방 덴겁하며 다리야 날 살려라 하고 도망했다. 와중에 김춘화는 그린 듯 멍청하니 시체 옆을 지키고 서있었다. 망자가 죽기 전에 뭐라고 고함을 치는 모습이 서서히 눈앞에 떠오르고 있었다.

'망자는 길에 누워서 누구를 왜서 저렇게 외쳤을까…?'

동네 사람들이 길가에 나와서 뭐라고 수군수군 이야기를 나눴다. 귀를 솔깃했다.

"망자는 산 건너 서쪽의 지신향(智新鄕) 사람이라고 해요. 죽기 전에 엄마를 큰 소리로 부르더라고 해요."

그러고 보면 김춘화의 머리에 떠오른 것은 망자의 과거였던 것이다. 그렇다고 망자가 두렵지 않았고 또 망자가 사는 무덤이 두렵지 않았다. 그녀에게 무덤은 다만 망자의 처소일 뿐이었다.

(그런데 이 무덤은 왜서 음침하고 으스스한 거지? 저 무덤의 망자는 왜서 비뚠 집에 사는 것처럼 불안한 걸까?)

天佛이 占指한 산
그리고 天佛과
함께하는 사람들

땅에 만든 무덤이 지질에 따라 길흉이 갈라진다는 이야기는 오랜 후에야 비로소 알게 되었다. 무덤과 택지의 그런 길흉을 판단하는 사람을 지관(地官)이라고 한다는 것도 훗날 뒤늦게 알게 되었다. 오랜 후에야 김춘화는 비로소 음양론(陰陽論)과 오행설(五行說)을 기반으로 한 땅의 이치를 정식으로 공부하게 되었다. 풍수(風水)의 학문은 인제 봄날의 꽃처럼 피어나 망울을 짓고 있었다.

정작 학교의 공부는 열매를 제대로 맺지 못했다. 중학교를 졸업할 때 담임교원이 집을 찾아왔다. 반급에서 성적이 최상위인데 공부를 더 하지 않겠다는 게 도무지 이해할 수 없었던 것이다. 김춘화는 실은 공부할 생각이 굴뚝처럼 치솟고 있었다. 그러나 세 딸을 모두 마지막까지 공부하게 하기에는 가세가 넉넉하지 못했다. 언제인가 백지장으로 바쳤던 시험지가 다시 김춘화의 눈앞을 하얗게 도배하고 있었다.

"진급을 하지 못하면 또 헛돈을 쓰게 돼요. 집안이 어려웠는데요, '아픈 다리에 찜질을 하는 격'이 되는 거죠."

김춘화는 고민 끝에 금방 돈을 벌 수 있는 복장기술학교를 선택했다. 한 해 동안 복장을 배웠고 또 북경에 가서 현대관리학원을 다녔다. 와중에 2, 3년 동안 고향에 돌아가 촌 부녀 주임으로 있기도 했다. 그 후 연길에 설립된 한국 모 복장공장에 들어갔다. 그녀는 봉제 직원에서부터 라인 반장, 총 반장, 현장 관리 주임이 된다. 복장의 달인, 관리자로 변신한 김춘화는 나중에 사이판에 가서 어느 회사의 최종 검사 주임, 필리핀에 주재하면서 어느 무역회사의 과장, 상해 어느 복장회사의 현장 총책임으로 있었다.

그러나 주변의 사람들은 복장을 만들거나 관리하기보다 다른 직업을 선택하라고 김춘화를 권유하고 있었다.

"다들 저에게 점쟁이가 되라고 해요. 점을 치는 일을 직업으로 삼으라는 거죠."

그럴만한 사연이 있었다. 그녀가 처음 입사했던 연길의 한국 모 복장공장은 늘 정전이 되었다. 마침 부근에 공안국 수감소가 있었는데 이 때문에 전기가 자꾸 감방에 갇히는 모양이라고 우스개가 나올 정도였다. 그 전기가 감방에서 저녁 9시쯤 풀려난다고 공장에 특별히 전갈이 왔다. 그러자 사장은 직원들을 모두 집으로 돌려보내라고 지시한다. 직원을 그대로 공장에 두면 일공만 지불하게 되기 때문이다.

> 문득 귓가에 지척의 말소리처럼 들리는데요, 4시에 전기가
> 온다고 누군가 속삭여요. 그래서 저녁 4시 작업 개시로 맞춰
> 직원들에게 일거리를 준비시켰어요. 사장님은 또 헛돈만 쓰게
> 생겼다고 하면서 야단을 쳐요. 그런데 3시 58분에 전기가 딱
> 하고 오는 거예요. 그때는 지금처럼 휴대폰이 없었어요. 사장
> 님이 전화로 변전소에 차문해보니 그런 소식을 따로 보낸 적
> 없다고 해요. 워낙은 9시에 전기를 보낸다고 말했거든요. 사
> 장님이 머리를 갸웃해요. 암튼 일이 잘 돼서 감사한데, 넌 가
> 끔씩은 이상한 여자야.

이상한 일은 나중에 또 한국 사장에게 생겼다. 신수가 훤한 한국 사장은 남 보기에는 멀쩡한 사람이었다. 그런데 김춘화는 그에게 아픈 것 같으니 병원에 가보라고 재촉했다. 검은 기운이 이마를 덮고 있었는데 한 달이 지나자 눈 아래로 내려오고 있었다. 술을 자꾸 마시니 그

‖ 한국의 도인을 모시고 백두산의 천지를 찾은 김춘화(오른쪽)

렇겠지. 사장은 개의치 않았다. 얼마나 건강한 몸인데 자꾸 뭐라고 그래? 또 보름이 지나자 온 얼굴이 까맣게 보이고 있었다. 김춘화에게는 죽은 사람의 기색이었다. 당장 병원에 가라고 했다. 그래도 사장은 허허하고 농으로 지나쳤다. 며칠 후 사장은 작업현장에서 갑자기 몸을 움직이지 못하더니 쿵 하고 그 자리에 넘어졌다. 병원에 도착했을 때는 인사불성이었다. 그날로 숨졌다. 병원의 최종 진단에 따르면 만성 뇌출혈이라고 했다.

날이 갈수록 김춘화에게 뭔가 묻는 사람이 늘어나고 있었다. 주변에서는 그녀를 아예 점술가로 아는 사람도 있었다. 점을 치는 일은 모르고 또 점을 치는 일을 안 한다고 해도 믿지 않았다.

"점쟁이로 살아야 하는 게 숙명이라면 그건 내 손으로 돈을 벌고 난 후의 일이라고 했어요."

강을 건너고 바다를 건넜다. 주머니에 돈을 얼마간 챙긴 후 고향으로 돌아왔다. 맨 먼저 자원봉사를 하고 싶었다. 살면서 너무 넘치게 행복을 누렸다. 삶의 향수를 환원하고 싶었다. 마침 지신진(智新鎭)의 현지에 사회복지센터의 양로원이 있었다. 양로원은 쉽게 말하면 운신하기 어려운 노인들의 똥오줌을 받고 바야흐로 죽어가는 사람을 간호하는 일이었다. 일손이 적었다. 정부 관리부문인 민정국(民政局)을 찾아갔더니 의아해했다. 돈을 벌고 온 사람이 맞나? 하필이면 힘들고 더러운 일을 찾나? 임금을 받지 않고 일하겠다고 하니 감탄을 했다. 그제야 김춘화의 결심을 알겠다고 했다.

1년으로 약속한 일은 3년으로 이어졌다. 간호사로 들어갔다가 출납을 겸했고 또 반년 만에 관리, 보호를 책임졌다. 양로원의 부원장으로 있었다. 일이 막중해지면서 약속처럼 1년 만에 나 몰라라 하고 발을 훌쩍 뺄 수 없었다.

"양로원에서 인간의 마지막 희로애락을 읽었어요. 운명하는 그들이 편하게 마지막 길을 가도록 돕는 게 정말 필요하다는 걸 느꼈어요."

얼굴에 떠오르는 기운의 여하로 임종 시간을 읽을 수 있었다. 1년 전부터 검은 기운이 비끼며 한두 달 전이면 확실하게 사망 여하를 판정지을 수 있었다. 그때부터는 확실하게 이런저런 징후가 몸에 나타나기 때문이다. 임종에 박두하면 일반 사람들의 눈에도 확연하게 드러난다. 걸음걸이며 음식 먹는 모양새가 다르고 피부에는 또 물집이 생겼다가 사라진다.

> 내가 아프더라도 그 사람들을 도와주고 싶어요. 그 사람들이 따뜻함을 느끼고 안온하게 가도록 하고 싶어요. 그 사람들을 다른 세상에서 편안하도록 안내하고 싶어요.
> 그 사람들을 고통에서 조금이라도 해탈할 수 있게 하고 싶어요.

천기(天機)를 함부로 누설하면 화근을 당한다. 김춘화도 이름 모를 아픔을 겪은 적 있다. 그런 아픔은 말이나 행동으로 나타내기 힘들었다. 약을 먹거나 주사를 맞아도 낫지 않았다. 김춘화는 눈을 감고 손을 비비며 하늘에 발원을 했다. 어차피 남다른 능력을 줬다면 남을 도우라는 능력이 아닐까. 아니라면 땅 위의 보통 인간으로 살고 싶었다.

그래서 누군가의 도움이 된다면 본인에게 화근이 되더라도 천기를 발설하고 싶었다. 저 세상의 망자와 왕래하며 망자의 말을 꼭 망자의 친인에게 전하고자 했다.

> 제사상을 차리면서 말다툼을 하면 망자가 화내요. 제사상을 안 받아요. 또 제사상을 제멋대로 차리면 안 돼요. 망자의 요구에 따라 제사상을 놓아야 하죠. 산소에 놓았던 제물은 다른 제물에 놓지 말아야 합니다.

‖ 병원의 약제사로 있는 김춘화

　왜서 꼭 그래야 하는가 하고 물으면 뭐라고 말했으면 좋을지 몰랐
다. 그냥 귀로 듣는 그 무슨 이야기를 그대로 입에 옮겼을 뿐이기 때
문이다. 그러나 이상한 앓음을 앓는 사람에게 제사상에 어찌어찌하지
않았는가 물어보면 그녀의 뒤를 밟은 것처럼 적중했다. 다시 어찌어
찌하라고 시키면 그 이상한 앓음은 금방 산소에 묻히는지 감쪽같이 사
라졌다.
　인연을 따라 김춘화에게 이곳저곳에서 사람이 찾아오고 있었다. 그
들을 따라 산에 올라 하나 또 하나의 묘소를 만났다. 그럴수록 김춘화
의 머리를 하얗게 만드는 물음은 더 늘어나고 있었다. 누가, 무엇을,

‖ 약방에서 처방에 따라 약을 조제하고 있다.

언제, 어디서, 왜, 어떻게 등 육하원칙의 이야기는 다시 그녀를 곤혹하게 만들고 있었다. 망자의 무덤을 찾고 무덤의 부족함에 방책을 마련하는 것만으로는 판판 부족했다. 저 세상의 공부를 하고 싶었다. 세상의 이치를 깨치는 힘을 알고 싶었다. 김춘화는 어느 약방의 약제사가 되었다. 약을 조제하면서 인간을 읽는 처방을 공부했다.

실제로 김춘화는 의사공부를 한 적이 없었다. 의사공부는 약제사부터 시작한다는데, 약 이름이라곤 시골에서 씀바귀를 캐고 도라지를 찾던 그런 정도였다. 그런데도 병원의 의사로 있는 친척 언니가 늘 그녀에게 약초 문의를 왔다. 그녀가 유명한 한의사와 함께 있는 약제사라고 해서 약초에 숙지한 줄로 알고 있는 것 같았다.

"언니는 환자에게 특별히 추천하는 약이 없겠나 하고 물었어요."

그러면 김춘화는 언니에게 약 처방을 쭉 부르라고 했다. 그 무슨 약초의 이름을 부를 때 머리에 곧 '통지문'이 날아온다. 그 약초 이름을 언니에게 알려주고 그 약초가 처방의 약효에 절실하다고 말한다. 아니나 다를까 얼마 후이면 언니로부터 그 약초의 약발이 좋더라는 전화를 받는다.

구렁이가 도망하고 흙부처가 금부처로 변신할 듯했다. 어딘가에 천문이 열리는 듯했다.

기실 다른 세계의 천문을 여는 길은 오래전에 벌써 나타나고 있었다. 그녀는 처음 사회에 발을 들여놓았을 때 우연하게 책자《대비주(大悲呪)》를 만났다.《대비주》는 불교경전의 하나인《천수경(千手經)》에 있는, 천수관음의 공덕을 찬양한 82구(句)의 주문이다.《천수경》은 반도에서 제일 많이 독송되는 경문으로, 이 주문을 외우면 모든 죄업이 없어 시방(十方)의 불보살이 와서 일체 업장이 소멸되고 모든 귀신이 침입하지 못한다고 한다. 그 자리에서 대여섯 번 읽었는데 암기가 되었다. 귀에서는 절에서 종을 치는 소리가 그냥 들리는 듯했다.

"그때부터 힘들고 어려울 때면 저도 모르게 〈대비주〉를 염송하게 되었어요. 그때마다 어쩐지 스님처럼 누런색의 옷을 자꾸 입고 싶었어요."

사찰을 찾는 마음이 생기면서 사찰을 찾는 기회가 많아졌다. 김춘화는 기회가 되면 사찰을 찾아 예불을 드리고 독경을 했다. 부처님을 모시고 수행을 했으며 깨달음을 얻는 시간을 가졌다.

드디어 금부처가 나타나고 있었다. 불상 앞에서 가부좌를 하고 정진하는데 문득 인기척이 있었다. 눈을 감고 합장하고 있는 그녀의 손에 웬 침을 하나 건네주고 있었다. 김춘화는 공손히 침을 받고 그에게 절을 올렸다. 눈을 떴을 때는 사람도 침도 없었다. 그런데 침은 환자를 만나면 그녀의 손에 나타나고 있었다. 환자의 몸에 반짝반짝 빛나는 혈위(穴位)가 금방 눈앞에 보였다. 침을 놓듯 손가락으로 혈위를 꾹꾹 누르면 환부가 따뜻해지면서 더 아프지 않다고 했다. 전설 같은 기(氣)의 침이었다.

미구에 약방에서 일하면서 김춘화는 마침내 진실한 침을 선물 받게 된다. 병원을 꾸리고 있는 오랜 한의사가 사연을 알고 그녀에게 침을 선사한 것이다. 김춘화는 이때부터 환자의 병명과 원인, 약의 이름과 약효를 하나하나 찾게 되었다. 귀신과 무당이며 무덤에 사는 죽은 사람이 왜서 산 사람에게 영향을 주고 또 어떻게 망자의 영향을 해소하는가 하는 등등을 하나하나 깨치게 되었다. 부처의 진실한 몸을 덮은 흙의 흉물은 하나하나 벗겨지고 있는 듯했다.

흙부처를 몸으로 칭칭 휘감고 있던 구렁이를 도끼를 들어 쫓아낼 수 있을까. 이게 삶의 숙명이라면 받아들여야 하고 또 그걸 헤쳐 나가는 것도 감당해야 할 몫이다. 김춘화 아니 김조연의 심경 고백이다.

"언제가 될지 몰라요. 그러나 천불(天佛)이 점지(占指)한 운명이라면 꼭 금부처 본연의 모습을 찾을 수 있겠죠."

천불지산의 여덟 번째 이야기

5월의 마을에
피어난
마지막 감자꽃

시초에 불린 마을의 이름은 원동(元東)이 아니었다. 원동은 본래 학교 이름이었다. 1920년경 학교를 세울 때 원동학교라고 이름을 지었다. 학교의 이름을 따서 마을도 종국적으로 원동툰(屯)이라고 불렸다. 학교는 주변의 조선인들을 하나로 묶는 구심점이 되고 있었던 것이다.

골짜기는 학교와 마을을 마치 가족처럼 한품에 안고 있었다. 원동의 토박이 황상룡(黃相龍)은 잔존한 어린 기억을 그렇게 또렷이 눈앞에 떠올리고 있었다.

어릴 때 노인들은 마을을 그냥 칠도구(七道溝)라고 불렀습니다.
우리(조선인들)는 골짜기의 여기저기에 집을 짓고 살았습니다.

원동마을 즉 칠도구는 연길현(延吉縣, 지금의 용정시) 지신향(智新鄕) 소재지에서 거의 20리나 떨어져 있었다. 동네는 원동 골짜기 부근에도 여럿이나 옹기종기 모여 있었다. 대대(大隊, 촌) 마을인 서흥툰(西興屯)은 원동을 지난 골짜기의 안쪽에 있었다. 서흥툰 역시 원동처럼 광서(光緖, 1875~1908) 말년에 생긴 마을이다. 서쪽의 이 마을을 흥성하라는 의미에서 서흥툰이라 지었다고 한다.

　그러나 마을의 이름뿐이었다. 서흥툰은 인구가 흥성하지 못했다. 서흥툰은 촌의 중심부락이 되었으나 18가구 80명의 인구에 그쳤다고 1985년 편찬된 《용정현지명지(龍井縣地名志)》가 기록하고 있다. 원근에 이름난 마을인 원동도 다 합쳐야 30가구, 130명의 인구에 지나지 않았다. 칠도구의 동쪽 어구에 위치한 신동(新東)도 38가구, 140명의 인구였다. 참고로 이 신동도 근처의 원동처럼 조선인학교가 선 후 학교의 이름으로 마을 이름을 지었다.

　황상룡은 혈기왕성한 20대로 접어들던 1963년에 원동을 떠났다. 골짜기가 아니라 하늘이 탁 트인 넓은 벌에서 살고 싶었다. 원동마을이 마지막으로 그의 기억에 남긴 것은 골짜기에 하얗게 피던 감자꽃이었다.

　　　감자꽃이 하얗게 피고
　　　산천어가 뛰노는 곳
　　　하늘 아래 첫 동네가 나의 고향이라네
　　　고향아, 고향아 나의 고향아

　노래 "나의 고향아"는 황상룡의 절절한 애정을 감자꽃처럼 하얗게 피우고 있었다. 황상룡은 독창곡을 만들어달라고 하는 누군가의 요청을 받아 이 노래를 급작스레 지었다고 한다. 그런데 고향을 떠올리자 금세 하얀 꽃이 머리를 꽉 채우더란다. 그 꽃으로 물든 시냇물에 산천

‖ 예술인들과 함께 있는 황상룡(가운데)

어가 뛰놀고 있었다. 그가 연변인민방송국에서 음악 편집자로 있었던
1989년 무렵의 이야기이다.

우리 마을의 산속에 무더기로 피어나는 게 감자꽃이었습니
다. 산비탈은 온통 하얀 꽃이 만발했습니다. 골짜기를 타고 더
올라가는 겁니다. 산에는 노루가 뛰어다니고 물에는 산천어가
헤엄을 치고 다닙니다. 눈을 감고 생각하면 정말 다른 세상 같
았습니다.

연길 시내 동쪽의 어느 아파트에서 황상룡을 만났다. 황상룡은 그에게 노래를 배우러 오는 학생들을 잠깐 오후 시간으로 미루고 우리와 오랫동안 이야기를 나눴다. 인터뷰의 가운데에는 흥얼거리는 노랫가락이 자주 반주처럼 끼어들고 있었다.

퇴직한 얼마 후 황상룡은 용정 남쪽 지신향의 어느 마을에 들린 적이 있었다. 오씨(吳氏) 성의 의사를 만났다가 왕진(往診)을 떠나는 그를 따라 내친김에 고향에도 잠깐 들렀다. 그날 마을 노인협회의 사람들은 한창 흥겨운 가락을 뽑고 있었다. 와중에 그들은 노래 "나의 고향아"를 노래판에 떠올리고 있었다.

그때 황상룡은 저도 몰래 눈물이 자꾸 흐르더라고 한다. 흥겨운 노래인데 왜서 슬픈지 몰랐다. 단지 고향 사람들이 그의 노래를 아직도 기억하고 부르고 있다고 해서 그러는 게 아니었다. 고향과 민족 정서의 원형이 담긴 옛날 옛적의 노래가 새삼스럽게 머리에 떠오르고 있었다.

　　나의 살던 고향은 꽃피는 산골
　　복숭아꽃 살구꽃 아기진달래
　　울긋불긋 꽃 대궐 차리인 동네
　　그 속에서 놀던 때가 그립습니다

산에 들어서고 마을에 도착하면 금방 색깔이 달랐다. 고향의 추억은 산과 밭에 피어난 풀과 꽃으로 푸르고 하얗다. 감자꽃이 피어날 때면 감자는 열심히 뿌리에 열매를 만든다. 감자알이 차츰 굵어지고 주먹만큼 커진다. 산비탈의 흙길에는 감자를 산더미처럼 실은 수레가 나타난다.

드디어 삶고 찌고 구운 감자가 밥상에 데굴데굴 굴러다닌다. 입김으로 손을 후후 불며 껍질을 벗기던 감자, 하얀 속살에 소금 알을 뿌리면 온 세상이 금방 단맛으로 입속에 막 녹아들 듯했다. 감자로 아기 손 같은 수제비를 만들었고 또 실오리 같은 국수를 만들었다.

원동 마을에서 감자는 주식이었고 또 군음식이었다. 원동 마을에서 감자는 먹고사는 생활의 전부가 되어 있었다.

언제인가부터 골짜기의 흙길에 자동차가 불쑥불쑥 나타났다. 원동의 감자국수가 산밖에 소문을 놓게 된 것이다. 산 밖의 사람들은 다들 그 감자국수를 원동국수라고 불렀다. 연변의 초대 주장 주덕해(朱德海, 1911~1972)는 외지 손님을 접대할 때면 특식 1번으로 원동의 감자국수를 지목했다고 한다. 어릴 때부터 골짜기 밖의 승지촌(勝地村)에 원동국수의 맛을 잘 알고 있었기 때문이 아닐지 한다. 그러나 원동의 감자국수는 원동 나들이가 불편한 탓으로 늘 고개 너머 이웃인 용신(勇新) 마을의 음식상에 나타났다고 한다. 참고로 원동 부근의 동네에 인가가 몇 가구 있으며 감자국수는 아직도 불티나게 팔리고 있다.

감자국수는 원동 마을의 자랑이었다. 수레가 다니던 길에 자동차가 달리면서 하늘에 먼지를 뽀얗게 날렸다. 그래도 자동차의 뒤로 조무래기들이 졸졸 뒤따랐다. 다리 아닌 바퀴가 빙빙 돌고 풀이 아닌 기름을 먹는 차가 신기했다. 산길이 너무 험해서 차가 덜컹덜컹 흔들렸다. 혹간 떨어지는 감자국수를 줍느라고 조무래기들은 몇 리 길을 발로 뒤쫓기도 했다. 와중에 감자국수를 두둑이 줍는 애들도 있었다. 삶은 감자나 찐 감자로 배를 채우던 그 시절에는 감자국수가 하늘에서 떨어진 호재나 다름없었다.

벼는 산기슭에 겨우 몇 뙈기 심었을 따름이었습니다. 골짜기에는 물을 댈만한 논이 얼마 없었습니다. 이밥은 어쩌다 명절 때 맛보는 귀한 음식이었습니다. 평소에 어쩌다가 밥이라는 게 있었다면… 모래알처럼 부슬부슬한 조밥뿐이었습니다.

그래도 시골 마을에 사는 재미가 따로 있었다. 조무래기들은 늘 시냇물에 텀벙 발목을 담그고 손 그물로 물고기를 잡았다. 산천어도 그렇지만 '세치네(細川魚, 세천어의 변음)'도 산의 청정한 물에서 자라서 산천어처럼 맛이 좋았다. 흐르는 맑은 물에 고기 밸을 따고 나눠서 집으로 가져갔다. 원동의 30가구는 서로 형제이고 친척이었으며 사돈이었다. 황씨, 허씨, 이씨 등 몇몇 성씨뿐이었다. 거짓말 한마디 없이 어느 집에 숟가락 몇 개가 있는지 서로 다 알고 있을 정도였다.

저의 아버지는 마을에서 장단을 잘 치는 사람으로 유명했습니다. 잔치 때 보면 작은 밥상을 공중에 휘익 하니 뿌리고 그걸 떨어뜨리면서 장단을 치는 데요… 동네 사람들의 혼을 쏙 뽑았습니다. 이때 노래를 장단과 함께 불렀는데요, 지금 보면 표현 독창이었습니다. 그러나 열 번 불러도 모를 심거나 김을 맬 때 부르는 '농부가' 하나밖에 없었습니다. 그 노래밖에 몰랐으니까요.

농부 일생 무한이로다, 춘경추수 연연(年年)이로다. 어럴럴 상사디여 언제인가부터 시골의 이 마을에는 감자꽃 하나가 하얗게 피어나고 있었다. 아버지는 알게 모르게 고향의 하얀 꽃을 아들에게 심어주고 있었다. 나중에 아들 황상룡은 아버지의 그 뜻대로 가수 겸 작곡가가 되었다. 노랫가락이나 말투를 들어서는 아버지의 고향이 강 바로 저쪽의 함경북도 어느 곳인 것 같다고 황상룡이 추정을 했다. 가족에 족보가 없었기 때문이다. 험한 시골에서 세상을 살면서 황씨는 족보 하나 챙기지 못하고 있었다.

이번에는 집도 제대로 챙기지 못하고 산을 넘고 강을 건넜다. 공화국이 창립되던 1949년 무렵 황씨 가족은 이주를 했다. 정부는 연변 여러 지역에서 농사꾼들을 모집하여 용정 북쪽의 돈화(敦化)에 이주를 보내고 있었다.

> 어느 관원이 우리 마을에 와서 이민 동원을 했는데요, 다섯째 삼촌 가족과 함께 두 가구가 이민을 떠났습니다. 우리 집은 닭도 많고 방앗간도 있었는데요. 살기 좋은 고장이라고 해서 겨울인데도 무작정 이사를 작정한 겁니다. 그곳은 땅이 형편없이(아주) 기름졌습니다. 달래가 마늘만큼이나 컸어요. 그런데 소가 수레를 끄는 게 아니었습니다. 개들이 썰매를 끌고 있었습니다.

돈화 시내의 북쪽으로 100여 리 떨어진 액목(額穆)이라고 하는 곳이었다. 액목은 만족말로 물가라는 뜻이라고 한다. 산이 높고 강이 컸다. 산이 높아서 눈이 녹지 않는 노야령(老爺嶺)이 하늘을 찌르고 있었고 강이 커서 배가 다니는 주일다하(珠爾多河, 만족말로 앞쪽의 강이라는 의미)가 길을 막고 있었다.

풀과 나무로 대충 막을 들에 세우고 잠자리를 만들었다. 봄이 되니 시퍼런 뱀이 혀를 날름거리며 막에 기어들었다. 황상룡의 말에 따르면 역사교과서에서 읽었던 원시사회가 따로 없었다. 그건 약과였다. '물갈이 병'이라고 하는 수토병(水土病)이 이주민에게 찾아왔다. 삼촌은 마치 뱀에게 물린 것처럼 목이 팅팅 부었다. 이듬해 삼촌이 먼저 고향으로 돌아갔고 뒤미처 아버지도 이삿짐을 다시 꾸렸다.

그러나 이미 집을 처분한 원동에 당장 돌아갈 수는 없었다. 황씨 가족은 용정 현성에 살고 있는 친척집에 곁방을 얻어 더부살이를 했다. 뭐니 뭐니 해도 눈썹에 불이 붙은 일이 있었다. 아들 황상룡을 학교로 보내는 것이었다. 황상룡은 벌써 고만고만한 아홉 살의 나이를 먹고 있었다.

황상룡이 입학한 3.1학교는 서전서숙(瑞甸書塾)의 옛터에 세운 학교였다. 서전서숙은 조선인에 의해 1906년 설립, 중국에서 처음으로 생긴 근대적인 학교였다. 폐교된 후 일본인이 경영하는 간도보통학교로 바뀌었으며 또 여러 번의 교명을 거쳐 광복 직후 3.1학교로 되었고 종국적으로 현재의 용정시 실험소학교가 되었다.

그때 3.1학교는 입학 지망자들에게 시험을 보고 있었다. 시험관은 먼저 지망자에게 나무개비 20개를 내놓고 나무개비가 도합 몇 개인지 셈을 세라고 했다. 1년 후 학교 노래 합창단을 선정하기 위한 시험은 이와는 또 다른 형식이었다.

학교 3천 명의 학생 가운데서 합창대를 뽑는데요, 1차적으로 5명을 강당에 불러 앉혔습니다. 각기 노래 한마디씩 시키고 부르게 했습니다. '나도 나도 나가련다, 총대를 잡고 나가련다.' 이 노래 한마디를 들으면서 성대의 좋고 나쁨을 보고 박자를 맞추는가를 보았습니다. 그리고 오음이 구전한지를 보았습니다.

황상룡은 정말로 총대를 잡고 나가게 되었다. 나중에 학생 1백 명이 학교 합창단에 선정되었다. 그런데 노래가 그의 천성이었다면 운명은 도리어 그와 엇박자를 치고 있는 것 같았다. 합창단 단원이 되었지만 합창무대에 한 번도 오를 수 없었다.

마침 아버지는 용정현 정부의 물 관리국에 배치를 받았다. 감자꽃처럼 정처 없이 흩날리던 생활은 드디어 안착이 될 듯했다. 그런데 아버지가 용정 현성을 떠나 한사코 원동으로 귀향을 했던 것이다. 정부의 관리국이라서 측량과 계산 등의 공부를 하게 되었는데, 그때까지 손과 발 셈으로 얼추 헤아리고 살던 농부는 골치를 때리는 일이었다. 그해 아버지는 원동에 드나들면서 농사를 지었는데, 감자 농사가 마대(麻袋)로 30개나 되었다고 한다. 머리 고생을 할 필요가 없이 배를 불릴 수 있는 원동의 생활이 지극히 그리웠다. 결국 황상룡은 아버지를 따라 다시 원동에 돌아갔고 불알친구들과 함께 원동학교에 다니게 되었다.

시골의 도톨도톨한 감자는 다시 초가의 화로에 나타났다.

자랑 같지만요, 저는 그때 공부를 정말 잘했습니다. 반급의 대대장까지 했어요. 글을 잘 짓는다고 벽보도 만들었습니다. 노래를 잘 불러서 음악학과 성적이 특별히 좋았습니다. 나중에 졸업반 16명 가운데서 홀로 중학교에 들어갔습니다. 그때 어떤 더벅머리 친구는 소학교를 8년이나 다녔지만 끝내 졸업을 못했습니다.

그해 지신중학교는 중점학급을 만들면서 다만 50명의 학생을 선정하고 있었다. 지신현의 3개 향에서 결과적으로 55명만 중학교 진학을 할 수 있었다. 지신중학교에 입학한다는 것은 적어도 그해만은 과거에 급제하는 격이었다.

얘기를 두서없이 이것저것 다 적는 것 같다. 실은 소설이 아니라서 앞뒤가 그 무슨 영화 스토리처럼 쭉 이어지는 게 아니기 때문이라고 거듭 말씀드리고 싶다.

이야기가 나왔으니 망정이지 황상룡은 소설을 특별히 즐겼다. 소설은 또 다른 세상이었고 상상으로 만날 수 있는 즐거운 세상이었다. 초중을 다닐 때 황상룡은 소설에 미치다 보니 학교에도 잘 등교하지 않았다.

이웃한 형은 학교에서 이름난 소설 귀신(애독자)이었습니다. 소설을 정말 미친 것처럼 즐겼습니다. 조선말로 된 소설책이라면 뭐나 다 사들였지요. 소설책 부자였습니다. 형의 책은 누구나 빌릴 수 있었어요. 그러나 제시간에 빨리 돌려주지 않으면 다시는 빌릴 수 없었지요. 그 책을 다그쳐 보다보니 미처 학교에 갈 새가 없었습니다.

그때 소설책을 20여 권을 읽었는데요. 작문을 쓴다하면 제가 쓴 글은 언제나 모범 작문이 되었습니다. 우리 학교에서는 '소설가'라고 불릴 만큼 이름이 났지요.

‖ 폐가로 된 지신 향정부의 건물, 부유한 길로 나아가자는 슬로건이 바자에 걸려있다.

뒷이야기이지만, 그때 그 시절에 작사와 작곡을 다 하는 사람은 별로 없었다. 음악을 하는 사람치곤 예술 기량과 문학 수준을 모두 구비한 사람은 지금도 많지 않다. 어릴 때 목마르게 읽은 소설은 황상룡의 문학 수양을 쌓는데 더없이 좋은 기회가 되었다.

소설만 만난 게 아니었다. 이태수라고 불리는 음악교원을 만났다. 이태수는 음악에 조예가 깊은 사람이었다. 그의 출현은 마치 가뭄에 단비가 내린 셈이었다. 덕분에 황성룡은 글자가 아닌 음부(音符)로 세상을 보고 들을 수 있었다.

첫날에 이태수 선생님이 손풍금을 들고 교실에 들어오는데요. 정말 멋있게 생겼고 부러웠습니다. 음악을 하는 사람은 저렇게 멋지구나 하고 생각했습니다. 그분은 우리에게 기본악리를 배워줬습니다. 콩나물 같은 게 오선보라는 걸 그때에야 알게 되었습니다.

미술도 함께 배워줬는데요, 그때 구도(構圖)라는 걸 처음 배웠습니다.

기실 구도는 그림에 있고 노래에도 있다. 알고 보면 아버지가 즐기는 장단에도 구도가 있었다. 아들이 그리는 밑그림의 구도(構圖)에는 일찍부터 아버지가 꿈꾸는 미래의 구도(求道)가 배어 있었다. 아들이 중학교를 다닐 때 공사(公社, 향) 마을에 유숙하면서 늘 집 생각을 할까봐 아버지는 선뜻 원동을 떠나 이사를 했고 미구에 용정 시내의 예술학교에 입학하자 지신에 살던 집을 미련 없이 팔아버렸다. 지신의 이 집은 단돈 50원에 팔렸는데, 거기에서 18원 10전을 내어 아들이 오매에도 그리는 바이올린을 샀다. 아버지는 날마다 땔나무를 하기 위해 새벽에 산으로 오르고 발구로 시내의 장마당까지 나르면서 밤중에야 집에 돌아왔다. 주머니에 꼬깃꼬깃한 지전을 한데 모아서 아들이 예술학교를 다니는 비용을 대줬다.

"마음에 새장을 갖고 있으면 언제인가는 그 안에 담을 새를 갖게 된다." 정말이지 그 새가 무슨 새일지를 몰랐다. 황상룡은 어릴 때부터 즐기는 '새'가 있었지만 그게 꼭 새장에 담을 수 있다고 생각하지 못했다. '새'는 시골의 그에게는 너무나도 먼 하늘에서 날고 있었다. 그런데 보일 듯 말 듯하던 '새'가 금방 손에 잡힐 듯 눈앞에 나타나고 있었다.

5월이라 때가 되니 황량하던 산에 감자꽃이 피고 또 열매가 맺히고 있는 듯했다.

　　고중 입시를 앞두고 용정에 예술학교가 있다는 소식을 들었습니다. 민간에서 경영하는 학교라고 했습니다. 하지만 예술이라는 그 말에 귀가 솔깃했습니다. 예술이라니 그 무슨 문학인 줄 알았거든요. 부랴부랴 찾아갔더니 노래를 부르라고 했습니다. 원래는 시 낭송을 할 줄로 알았더니… 한곡 불렀습니다. 그러자 고개를 끄덕끄덕하더니 저 보고 이불 짐이랑 챙겨서 오라고 해요.

민영 예술학교는 지금의 용정시 제2중학교 자리에 있었다. 이 예술학교는 전문학교가 아니고 종합적인 음악학교였다. 입학한 학생들은 황상룡 등 두셋을 제외하고 나이가 적지 않았다. 그중에는 장가를 간 나그네도 있었다. 나중에 발견한 일이지만, 그들은 저마다 남다른 재간을 갖고 있었다. 누군가는 악기에 능했고 또 누군가는 춤을 잘 추고 있었다. 다들 흡사 음악에 신들린 신동(神童) 같았다.

황성룡은 성악반에 세 명 중 하나로 입학했다. 그러나 처음으로 만든 음악학교에는 아직 성악 교원이 없었다. 성악은 배울 수 없었지만, 그런대로 시창, 청음, 악리를 배울 수 있었다. 음악이라는 게 뭔지 눈을 다소 뜰 수 있었다.

언제인가 이씨 성의 가수가 학교에 찾아왔다. 연변가무단의 유명한 가수였다. 여태껏 성악 공부를 하는 사람들은 모두 하늘처럼 숭배하던 가수이었다. 황상룡은 미친 사람처럼 이씨의 뒤를 졸졸 따라다녔다. 이씨에게 노래를 시연하자 이씨는 노래를 참말로 잘 부른다고 황씨를 연거푸 칭찬했다. 연길에 오게 되면 이씨를 찾으라고 했다. 그를 찾으면 황씨에게 금방 가수 자리라도 하나 구해 줄 듯했다.

> 나중에 알고 보니 열성 팬에게 말치레로 건넨 인사였는데요. 그러나 그분 하면 그때는 구절구절 성지(聖旨)처럼 믿고 받들고 있었지요. 고지식한 저는 그분의 그 무슨 승낙처럼 듣고 가슴에 새겨 넣었습니다.

며칠 후 예술학교 학생들은 시골마을로 노동단련을 내려갔다. 황상룡은 몸이 불편하다고 핑계를 대고 휴가를 냈다. 학생들이 떠나기 바삐 그는 산 너머 연길에 천방지축 달려갔다. 그러나 이씨는 벌써 이 가수 지망자를 까마득하게 잊고 있었다. 황상룡을 겨우 기억에서 더듬어낼 수 있었다. 금방 바지에 달라붙는 도깨비 풀을 만난 듯 짜증스러운 표정을 지었다. 부근의 연변예술학교에서 마침 음악 수험생을 받고 있다면서 황상룡을 거기로 쫓다시피 밀어 보냈다.

연변예술학교에서는 벌써 2차 음악 시험이 진행되고 있었다. 황상룡은 시험장에 들어설 자격마저 없었다. 정식 시험도 경유하지 않았고 아무런 추천도 없었던 것이다. 날개가 부러진 수탉처럼 후줄근해서 용정에 돌아왔다. 그런데 연길로 가기 위해 거짓으로 병 청탁을 했던 사실이 마침내 교원에게 발각되었다. '엎친 데 덮친 격'이었다. 이튿날로 황상룡은 용정 예술학교의 퇴학 처분을 받았다.

정말이지 꽃잎이 떨어진 감자는 한동안 잎이 시들고 있는 듯했다.

마을에서 아버지를 따라 농사일을 했습니다. 이때 연변예술
학교는 3년 동안 더 모집을 하지 않고 있었습니다. 그래서 한
뉘 감자 농사를 하면서 세월을 지내려니 하고 생각했지요. 어
느 날 대대판공실(辦公室, 사무위원회)에 들렀다가 신문을 읽었
는데요, 예술학교 학생모집광고가 실려 있었습니다.

시골의 산골짜기에 이번에는 토실토실한 감자가 나타날 듯했다. 황
상룡은 다짜고짜 연길행을 단행했다. 22살이 되던 1963년이었다. 이
번 기회를 놓치면 그토록 즐기는 음악공부와 영영 담을 쌓게 될 것 같
았다. 3년 만의 학생모집이라서 연길에는 응시생들이 구름처럼 밀려
들고 있었다. 연길이나 용정뿐만 아니었다. 동북 3성에서 응시생들이
모여 왔다. 어언 50여 년이 지난 오늘에도 황성룡은 그의 시험 번호를
어제처럼 또렷이 기억하고 있었다. 제267번이었다.

시험관은 사전 준비 없이 한 사람씩 시험실에 불러들이고 있었다.

시험관은 무슨 노래를 부르겠냐 하고 물어왔습니다. 노래를
즐겼고 노래를 입에 떨어뜨리지 않았으니, 노래를 부르는 게
힘들지 않았습니다. 또 어릴 때부터 샘물처럼 맑기로 소문난
목소리였고요. 노래를 시작하니 반주를 하고 있던 시험관이
대뜸 저쪽 시험관에게 엄지손가락을 내밀더군요. 1차 시험을
잘 통과하니 2차는 대충 하는 것 같았습니다. 성적이 별로 좋
지 않은 사람은 3차까지 시험을 보았습니다.

3차 시험을 통해 최종적으로 39명이 입학, 그중 성악반에 10명이 입
학했다. 그런데 발성법을 배우는 데는 문턱이 생기고 있었다. '수정주

의(修正主義)'를 반대한다면서 서양의 악기, 춤과 창법이라면 무조건 배척했던 것이다. 학생들에게 남도 민요며 판소리, 타령을 배우게 했다. 빈하중농(貧下中農)의 재교육을 받아야 한다면서 우사칸(牛舍, 외양간)에 들어갔다. 시골 할아버지가 와서 퉁소를 배워줬고 옛 기생(연예인)이 와서 타령을 읊조렸다.

그때 만났던 교원 신옥화는 예쁘고 예절이 있던 여인으로 기억에 남았고 교원 박정렬은 감동객(감정이 풍부한 사람을 이르는 말)으로 소문이 나고 있었다. 그들은 이름 그대로 음악의 귀재였다. 그러나 서양의 악기와 노래를 배우려 했던 지망생들에게는 오매불망 바라던 그런 신인(神人)이 아니었다.

결국 예술학교에서 노래를 시작했지만 황상룡은 창법은 잘 배우지 못했다고 말한다. 그래도 그는 노래를 너무 즐겼다. 학교에서 종일 노래를 훈련하느라고 목이 백여 번은 상했다. 한 달이나 소리가 나오지 않았고 밥도 제대로 먹지 못했다. 그 노래 열정은 졸업을 해서 연변가무단 성악배우로 된 후에도 조금도 식지 않았다.

마침내 천불(天佛)이 나타난 산처럼 천문(天門)이 활짝 열리는 것 같았다. 황상룡의 노래가 드디어 전파를 탔다. 천부적으로 목소리가 좋은 그의 노래는 금방 방송으로 인기를 끌었다. 나중에 30수 정도의 노래를 불러 방송에 올릴 수 있었다. 이 가운데서 황상룡이 즐기는 노래는 "사랑아, 어찌 늙으랴"였다. 가수로 이 노래를 불러 이름을 날렸지만 이 노래를 자랑하는 원인이 있었다. 이 노래가 늙지 않는 그의 음악 사랑을 대변하기 때문이란다.

생애의 첫 작곡은 38살 때 기차역에서 우연히 만들어졌다고 한다.

216

용정의
명산과
명인

‖ 1980년대 연변예술학교 일부 교원과 학생들이 학교 앞에서 기념촬영을 하고 있다.

그날 신문을 읽으면서 발차 시간을 기다리고 있었다. 문득 가사 하나
가 떠올랐다. "당의 빛발을 안고 삽니다"라는 가사였다. 그때 그 시절
글에는 빈말이 많았다. 더구나 찬송하는 식의 노래는 거개 딱딱하고
흥이 나지 않았다. 그러나 이 가사는 내용이 있었고 재미있게 엮어졌
으며 구도가 좋았다. 금방 곡이 머리에 떠올랐다.

> 피아노를 치지 않는데도 도레미쏘가 그냥 입에 불리고 있었
> 습니다. 노래를 너무 즐기다 보니 아직 곡을 만들 생각을 하지
> 못했습니다. 작곡은 누가 배워주거나 시켜준 건 아닙니다. 그
> 저 머리에 떠오르는 가락을 음부(音符)로 적고 싶었습니다.

황상룡은 부랴부랴 가사 아래에 음부를 적었다. 기이하게도 가사 글

자 숫자와 딱 맞아떨어졌다. 기차고 뭐고 팽개치고 그냥 연변가무단에 달려갔다. 참 듣기 좋은 노래구려. 정말 당신이 썼소? 다들 찬탄을 했다. 소문을 듣고 찾아온 동창 송씨가 다짜고짜 이 노래를 차지했다. 송씨는 그 무렵 제일 잘나가던 최고의 가수였다. 좋은 노래가 생겼다 하면 그가 1번 가수로 되고 있었다. 노래는 1980년의 연변 음력설야회에 등장했다. 금방 인기곡으로 소문을 놓았고 뒤미처 중앙방송의 전파에 실렸다. 이름 세 글자가 노래와 함께 세상에 알려지기 시작했다.

황상룡은 무대생활을 하는 한편 늘 작곡을 했으며 작사, 작곡을 함께 하기도 했다. 그때부터 작곡 작품은 마치 서서히 역을 떠난 기차처럼 줄기차게 쏟아졌다. 작품은 음악 간행물에 입선되고 방송에 채용되었다. 시간이 흐르면서 황상룡의 작품은 하나둘씩 숫자가 부쩍 늘고 있었다. 언제부터인가 가수라는 이름보다 작곡가로 이름을 알리게 되었다. 직업은 노래를 부르는 가수인데 어느덧 노래를 만드는 작곡가로 변신한 것이다.

1985년, 황상룡은 연길시방송국 음악 편집자로 전근했고 뒤미처 1987년 연변인민방송국 음악 편집자가 되었다. 황상룡의 종합적인 음악재능은 날개를 펼치고 있었다. 그는 방송프로그램 제작을 하면서 또 "대중음악무대", "라디오 노래방"을 신설, 많은 신인가수를 발굴하고 육성했다. 이중 일부 가수는 인기가수의 반열에 올랐다. 그동안 황상룡은 또 노래 "연길의 밤이여", "조국과 고향은 하나라네", "손자사랑, 손녀사랑" 등을 직접 불러 가수로서의 재능을 인정받았다. 음악 창작에도 확실한 성적을 올리고 있었다. "장백의 폭포수야", "사랑의 옛집", "인생살이" 등의 작품은 음악팬들과 전문가들의 한결같은 인정을 받았다. 2000년 음반을 내던 그 무렵까지 황상룡은 100여 곡을 작사, 작곡했다. 그의 70세 생일을 계기로 2012년에 가진 기념음악회, 2015년에 연변TV 방송 홀에서 열린 개인가요작품음악회는 그의 음악 인생에서 최고의 작품이었다.

여든을 바라보는 황상룡은 노래의 그 언덕길에서 오늘도 걸음을 멈추지 않고 있다. 얼마 전에는 가요 "어머니의 눈물"로 국가상과 연변조선족자치주 정부상을 받았다고 한다.

나이를 먹으면서 더더욱 노래의 세상에 깊이 빠져드는 것 같았다. 황상룡은 지금도 잠만 깨면 피아노 앞에 앉아 노래 훈련을 하고 있다고 한다. 10여 년 전부터 그와 같은 사람을 위해 노래교실을 운영하고 있었다. 노래교실을 선후로 30여 명이 찾아왔다. 어린이나 젊은이는 물론 노인들이 성악을 배우는 붐이 일어나고 있었다. "노인들이 특별히 많은 것 같아요. 옛날에는 노래를 부르고 싶어도 배울 시간이 없었잖아요? 노래를 찾고 청춘을 찾는 거지요." 이날 필자의 인터뷰 때문에 오전의 노래 수업을 오후로 미룬 학생들은 바로 50, 60대의 그런 노인들이었다. 그들은 함께 인생을 살아온 세상을 노래로 부르고 노래로 변화시키고 있었다.

한때 연변의 노래방에서 남녀노소가 날마다 부르던 노래가 있었다. 모두가 열광을 떠나 발광적이다시피 불렀다. 그때 모두 다 그 노래에 미친 것 같았다. 노래 제목은 "모두 다 갔다"였다. 2000년 무렵 연변에 있은 진실한 이야기이다. 그 노래를 작사, 작곡한 주인이 바로 황상룡이다.

‖ 해변에서 창작후의 여유를 즐기고 있는 황상룡

　　그때 외국 나들이는 연변을 들썽하게 만들었습니다. 어제 만난 사람을 오늘 만나지 못해서 알아보면 그들이 모두 한국이나 러시아에 갔다고 했습니다. 열에 한둘은 외국으로 갔습니다. 사람들은 거개 돈을 벌겠다고 외국에 불법체류를 했습니다. 기차를 타면 언제 돌아올지 기약할 수 없었습니다. 할아버지와 할머니가 손자를 안고 아들과 며느리를 배웅하고 있었습니다. 무슨 못살 때를 만났다고 이렇게 가는가, 인제 가면 우리는 너를 다시 만날 수 있겠는가… 기차역은 온통 눈물바다였지요.

그즈음 연변에서는 외국 나들이의 정경을 노래한 "타향의 봄", "타향의 달밤", "타향의 여름"이 나왔다. 피눈물이 어린 이 노래는 대뜸 인기곡으로 부상했다. 이국타향의 러시아에서 힘든 생활을 하고 있던 연변의 사람들은 함께 모이면 이 노래를 불렀고 술을 마시면 이 노래를 불렀다.

그때 그 시절의 슬픈 이야기를 황상룡도 노래에 담았다. 그의 이 노래는 아이러니하게도 슬픈 이야기와 달리 흥겨운 리듬을 타고 있었다.

> 아내도 갔다 남편도 갔다/삼촌도 갔다 모두 다 갔다
> 한국에 갔다 일본에 갔다/미국에 갔다 러시아에 갔다
> 잘 살아보겠다고 모두 다 갔다/눈물로 헤어져서 모두 다 갔다
> 산다는 게 뭐길래 산산이 부서져/그리움에 지쳐가며 살아야 하나
> 오붓하게 모여서 살 날 언제면 올까/손꼽아 기다려 본다네.

에피소드가 있다. 노래 "모두 다 갔다"가 널리 불리면서 일파만파 곡절을 겪었다. 어느 관원이 이런 노래도 전파를 탈 수 있냐 하고 힐문하면서 한동안 연변의 방송에서 '금지곡'이 되었다. 또 이 노래는 흥겨운 가락으로 이어지는데, 그토록 슬픈 이야기를 하필이면 흥겹게 불러야 하는가 하면서 반감을 가진 사람도 없지 않았다.

기실 우리 민족은 비극의 극치를 늘 그렇게 표현하고 있다. 기뻐도 노래를 부르고 슬퍼도 노래를 부른다. 흥겨운 그 가락은 부를수록 마음에 숨긴 그 슬픔을 한결 아프게 긁어 올린다. 노래 "모두 다 갔다"가 더구나 연변, 나아가 조선족의 다른 산재지역까지 널리 전해진 이유가

天佛이 占指한 산
그리고 天佛과
함께하는 사람들

‖ 본인의 작품음악회 현장에 있는 황상룡

아닐지 한다.

> 극은 서로 통한다는데요, 우리는 도대체 한(恨)의 민족일까
> 요, 아니면 흥(興)의 민족일까요?

그러나 한때 그가 살았던 원동마을에는 더는 한과 흥을 함께 할 사
람이 없었다. 감자꽃을 만날 옛사람들이 없었다. 칠도구의 골짜기에
있던 원동 마을은 벌써 해체된 지 오래다. 부근 골짜기의 마을도 점점
소실되고 있다. 조선족들은 외국 나들이가 생기면서 빠져나갔고 한족

들도 임장(林場)이 서면서 저마다 골짜기 밖의 벌로 이사한다. 모두 다. 갔다. 고향의 그 마을에 하얗게 피어나던 감자꽃이 새삼 그립다면서 황상룡은 또 노래처럼 감자꽃을 입에 올리고 있었다.

감자꽃은 그 고장에 사람이 살아도 피어나고 사람이 가 버려도 피어난다. 아, 해마다 5월이면 감자꽃이 다시 산골짜기의 옛 마을에 피어날까.

명산을 찾아 명인을 만났다

같은 산이라도 명산은 지기(地氣)부터 다르다. 지기가 다르면 머무는 사람도 성향이 달라진다. 그래서 명산에는 명인이 있게 된다. 산을 답사하는 사람들이라면 누구라도 주문처럼 외우는 명언이다. 당연히 명인을 만나려면 명산에 올라야 한다.

천불지산에는 명인이 있고 또 명소가 있으며 명물이 있다. 원체 천불의 기운이 하늘의 불처럼 강하기 때문이다.

천불지산에 올라서 천불지산에 살고 있는 사람들을 만났다. 천불(天佛)이 점지(占指)한 성스러운 산이기 때문일까. 천불지산의 마을에는 특이한 사람들과 전설이 있었다. 땅속을 보는 지관(地官) 있었고 운명을 예측하는 점술인(占術人)이 있었다. 의술을 하는 사람이 많았는데, 기이하게도 거개 침술사(鍼術士)였다. 침술사도 알게 모르게 점술이나 음양 풍수설과 그 무슨 연관을 짓고 있었다.

그리고 연변의 이름난 예술인이 천불지산에 살고 있었다. 연변 나아가 반도에 글의 도사로 소문났던 작가들이 천불지산에 살고 있었다.

알고 보면 천불지산은 명의와 명약, 음악과 문학, 무당과 점술인 이 세 개의 높은 산봉우리가 나타나는 곳이다. 그러나 이 산봉우리의 천불지산은 이런저런 일로 사람들에게 잘 알려지지 않고 있었다.

천불지산과 그 산에 사는 사람들은 소설 같은 이야기를 엮고 있다. 이번에 글로 만들면서 일부 신문에 게재되었다. 그러나 상당한 부분의 내용은 갖가지 사연으로 인해 간행물에 그대로 실을 수 없었다.

한때 대륙을 들썩거리게 했던 특이기능은 천불지산 기슭에 더구나 소문을 놓았다. 특이기능 연구소는 전국적으로 용정의 특이기능 연구소가 유일했다. 다른 지역은 특이기능이 아니라 주역(周易)연구소나 기공연구소 등등으로 다른 이름을 갖고 있었다. 말이 특이기능 연구사이지 지금 보면 신내림이나 점쟁이, 풍수쟁이가 그 이름을 탈바꿈한 것이다.

이러한 '연구사'는 지금도 천불지산의 이곳저곳에서 활동하고 있다. 다만 이런 활동은 그냥 허황한 미신으로 취급, 공식적으로 홍보를 하지 못하고 있을 따름이다. 아직은 누구나 대륙의 간행물에 글과 사진으로 정정당당하게 오를 수 없다는 얘기이다.

호불호를 떠나서 역사는 반드시 기록으로 남아야 한다. 살아있는 것은 결국 죽게 되며 소실되기 때문이다. 기록을 해야 세상에 전하고 사람들이 그 역사를 알게 할 수 있다.

역사는 과거와 현재의 끊임없는 대화이다. (한 시대 위인의) 행위는 그 시대의 정수이자 본질이다. 이로써 그는 자기 시대를 실현하는 것이다. 영국의 역사학자 에드워드 핼릿 카(E.H.카)도 그런 맥락에서 "과거는 현재의 빛에 비춰졌을 때만이 비로소 이해될 수 있으며 또한 현재도 과거의 조명 속에만 충분히 이해될 수 있다."라고 말한다.

이 책은 세상을 들썩이게 하는 명인들의 그런 전기(傳記)는 아니다. 그러나 분명한 것은 크든 작든 현지의 한 시대를 풍미한 사람들의 이야기라는 것이다. 책으로 엮은 그들의 이야기가 천불지산의 역사를 알게 되는데 일조할 수 있길 바란다.

천불지산의 수많은 명인과 이야기를 이 책에 다 올릴 수는 없었다. 한정된 시간과 편폭으로는 그들의 이야기를 일일이 기록할 수 없었다. 천만 아쉽다. 천불지산의 명인은 '여덟 신선' 뿐만이 아니라는 걸 이 기회를 빌어서 거듭 말씀드린다.

명산 그리고 명산에 사는 명인의 이야기는 아직 끝나지 않았다. 오정묵 씨가 발간사에 글로 썼듯이 "또 하나의 시작이다."

기획 **오정묵**

연변 용정시 팔도 출생.
의사, 시인, '조선족 농부절'의 전승인.
시집 ≪가을의 소리≫, ≪겨울의 소리≫ 출간.
『중약명(中藥名) 전설』, 『간명(簡明) 진단학』 등 기획, 편찬.

저자 **김호림**

연변 연길시 소영자 출생.
북경 언론인, 작가.
저서 『연변 100년 역사의 비밀이 풀린다』(세종도서), 『조선족, 중국을 뒤흔든 사람들』,
『대륙에서 해를 쫓은 박달족의 이야기』 등 다수 출간.

용정의 명산과 명인
天佛이 占指한 산 그리고 天佛과 함께하는 사람들

초판 1쇄 인쇄 2019년 1월 15일
초판 1쇄 발행 2019년 1월 25일

기 획 오정묵
저 자 김호림
펴낸이 이대현
펴낸곳 도서출판 역락

책임편집 이태곤 | **편집** 권분옥 홍혜정 박윤정 문선희 임애정 백초혜
디자인 안혜진 김보연 홍성권 | **홍보** 박태훈 안현진

주 소 서울시 서초구 동광로46길 6-6(반포4동 577-25) 문창빌딩 2층(우-06589)
전 화 02-3409-2055(대표), 2058(영업), 2060(편집)
팩 스 02-3409-2059 | 전자우편 youkrack@hanmail.net
홈페이지 www.youkrackbooks.com
등록번호 1999년 4월 19일 제303-2002-000014호

정가는 뒤표지에 있습니다.
ISBN 979-11-6244-362-0 03910

• 잘못된 책은 바꿔 드립니다.
• 이 도서의 국립중앙도서관 출판예정도서목록(CIP)은 서지정보유통지원시스템 홈페이지(http://seoji.nl.go.kr)와
  국가자료공동목록시스템(http://www.nl.go.kr/kolisnet)에서 이용하실 수 있습니다. (CIP제어번호: CIP2019001030)